乡村振兴探究

王广峰 ◎ 著

中国农业出版社
农村读物出版社
北 京

图书在版编目（CIP）数据

乡村振兴探究 / 王广峰著 . —北京 ：中国农业出版社，2023. 8
ISBN 978-7-109-30793-3

Ⅰ. ①乡… Ⅱ. ①王… Ⅲ. ①农村—社会主义建设—研究—中国 Ⅳ. ①F320. 3

中国国家版本馆 CIP 数据核字（2023）第 100838 号

中国农业出版社出版
地址：北京市朝阳区麦子店街 18 号楼
邮编：100125
责任编辑：孟令洋 谢志新 文字编辑：喻瀚章
版式设计：杨 婧 责任校对：刘丽香
印刷：中农印务有限公司
版次：2023 年 8 月第 1 版
印次：2023 年 8 月北京第 1 次印刷
发行：新华书店北京发行所
开本：880mm×1230mm 1/32
印张：6. 5
字数：200 千字
定价：68. 00 元

序言

农业、农村、农民问题是关系国计民生的根本性问题。要坚持把解决好“三农”问题作为全党工作重中之重，把全面推进乡村振兴作为实现中华民族伟大复兴的一项重大任务。以习近平同志为核心的党中央，提出乡村振兴战略，出台了一系列强农惠农富农政策，不断进行理论创新、实践创新、制度创新，完成了脱贫攻坚重大历史性任务，取得了举世瞩目的历史性成就，为世界脱贫攻坚提供了中国智慧、中国方案，“三农”工作取得历史性成就。

打造乡村振兴齐鲁样板是山东的重大政治任务。大力实施乡村振兴战略，聚焦乡村产业振兴、人才振兴、生态振兴、文化振兴、组织振兴，实现农业强、农村美、农民富，朝着共同富裕目标不断迈进，为实现第二个百年奋斗目标不懈努力。

菏泽市是山东省农业大市、平原大市，位于鲁苏豫皖四省交界处，是国家乡村振兴战略、区域协调发展战略、黄河流域生态保护和高质量发展战略、山东新旧动能转换综合试验区建设、突破菏泽鲁西崛起三年行动计划（以下简称突破菏泽鲁西崛起）、鲁南经济圈一体化发展等多个政策叠加区，立足菏泽地缘优势、区位优势，打造齐鲁乡村振兴菏泽样板、菏泽模式、菏泽路径意义重大。

笔者从事教育和“三农”工作三十年，本书是笔者多年理论与实践工作的结晶。本著作内容共有6章。第一章为乡村产业振兴实践探索；第二章为乡村文化振兴实践探索；第三章为乡村生态振兴实践探索；第四章为乡村人才振兴实践探索；第五章为乡村组织振兴实践探索；第六章为高校服务乡村“五个振兴”。本书以乡村振兴为主线，从理论和实践层面对乡村振兴理论与实践进行探究，具有较强的针对性、指导性、实效性。

进入新时代，奋进新征程。实现巩固脱贫攻坚与乡村振兴有效衔接，持续推进乡村振兴，对于推进城乡协调发展，促进农业全面进步，农村全面发展，农民全面增收，满足人民群众对美好生活的新期盼具有重要意义。

2022年7月12—15日习近平同志在新疆考察时指出：“巩固拓展好脱贫攻坚成果，扎实推进乡村振兴，推动实现农村更富裕、生活更幸福、乡村更美丽。”随着时代的发展，乡村价值要重新审视。乡村不仅仅是单一从事农业的地方，还是人们养生养老、创新创业、生活居住、休闲观光、文化体验的新空间。乡村的经济价值、生态价值、社会价值、文化价值日益凸显。适应城乡居民需求的新变化，休闲观光旅游农业、一二三产业融合发展模式和田园综合体、新型农村社区建设、智慧农业、农村电商等新业态、新模式为乡村振兴注入强大活力，乡村振兴从理论研究到实践创新不断深化。

著　者

2023年1月

目录

1

第一章 乡村产业振兴实践探索

乡村产业振兴是乡村振兴的重要组成部分，菏泽市紧紧抓住产业振兴不放松，贯彻落实党中央、国务院决策部署和山东省委、省政府工作要求，在打造齐鲁乡村振兴样板中探索创新菏泽模式、菏泽路径，贡献菏泽智慧。

第一节　实施乡村振兴战略，打造齐鲁乡村振兴菏泽样板

实施乡村振兴战略是党中央作出的重大战略决策，是突破“三农”瓶颈、加快“三农”发展的治本之策，是推进工业化、信息化、城镇化、农业现代化协同发展的有效举措，是补齐“三农”短板的必然选择，各级党委、政府高度重视，社会各界高度关注。打造乡村振兴齐鲁样板是习近平同志交给山东的重大政治任务。坚持以习近平同志视察菏泽重要讲话精神为指引，贯彻落实山东省委、省政府决策部署，积极探索齐鲁乡村振兴菏泽样板的新途径、新实践、新模式，为打造乡村振兴齐鲁样板探索新路既是一项重大的研究课题，也是一项重大的实践课题，是对实施突破菏泽鲁西崛起，以及加快菏泽科学发展、后来居上的有益探索和创新实践，既具有重要的现实意义，又具有深远的历史意义。

一、实施乡村振兴战略，打造齐鲁乡村振兴菏泽样板的重要意义

1. 打造齐鲁乡村振兴菏泽样板是贯彻落实党的十九大精神和习近平同志视察菏泽重要讲话精神的战略性举措 “三农”问题始终是以习近平同志为核心的党中央高度关注的重大问题，连续多年出台中央一号文件，持续加大对“三农”工作的支持力度，出台了一系列强农惠农富农重大举措，推动“三农”工作理论创新、实践创新、制度创新，取得了历史性成就。但“三农”仍然是现代化建设中最薄弱的环节。党的十九大提出实施乡村振兴战略，紧紧抓住补齐“三农”短板不放松，积极推进乡村振兴有效实现，千方百计解决乡村振兴发展中的堵点、断点、痛点，有效破解农村人居环境脏乱差和公共设施配套弱等一系列瓶颈，为切实解决农村“只见树木，不成森林”的问题探索新路并提供整体解决方案，具有重大的理论价值和实践价值，是有效解决乡村短板问题的对症药方，是治本之策、惠民之策、长远发展之策。

2. 打造齐鲁乡村振兴菏泽样板是贯彻落实国家、山东省重大战略的具体行动 菏泽地处鲁苏豫皖四省交界地区，具有明显的地缘优势、区位优势，是国家乡村振兴战略、区域协调发展战略、黄河流域生态保护和高质量发展战略、山东省新旧动能转换综合试验区建设、突破菏泽鲁西崛起、鲁南经济圈一体化发展等多个政策叠加区，同时也是山东省平原地区。菏泽应立足上述独特优势，充分发挥政策效益，探索实践出一条行之有效的乡村振兴发展之路。

3. 打造齐鲁乡村振兴菏泽样板是加快实现农业现代化的必然选择 推进农业现代化是全面建设社会主义现代化国家的重大任务，是解决城乡发展不平衡、不充分问题的战略性举措，是推动农业农村高质量发展和乡村振兴的必由之路，具有鲜明的时代特征。城乡发展不平衡、农村发展不充分，城乡一条腿长、一条腿短的问题突出，制约着我国农业现代化和社会主义现代化的发展进程。全

面建设社会主义现代化国家，短板在“三农”，基础和潜力也在“三农”。构建国内、国际双循环新发展格局，扩大内需，农村市场潜力巨大。必须精准对标新时代“三农”工作核心目标，积极实施乡村振兴战略，推动农业、农村、农民发生历史性变革，取得历史性成就。对于菏泽来说，抢抓机遇、攻坚克难，充分利用好党中央、国务院关于强农惠农富农的相关政策，充分利用好山东省委、省政府突破菏泽鲁西崛起的重大战略机遇，破解农业结构性矛盾突出、市场风险增加、农村基础设施和公共服务薄弱、农民增收缓慢等一系列问题，坚持农业、农村现代化统筹谋划、一体设计、协同推进，在困难中求新机，在创新中促发展，在改革中谱新篇。争取政策支持、资金支持、项目支持、试点支持，争创国家、山东省农业开放发展综合试验区，积极探索菏泽乡村振兴新模式，打造齐鲁乡村振兴菏泽样板试验区、示范区，做大第一产业、做强第二产业、做优第三产业，推动一二三产业融合发展，大力发展现代服务业，以“农头工尾”为抓手，推行绿色生产模式，深化农副产品精深加工，延长产业链条，提高产品价值链，积极发展新业态、新产业、新模式、新技术，培育乡村发展新动能。

4. 打造齐鲁乡村振兴菏泽样板是菏泽实现科学发展、后来居上的现实需要　整合土地资源，实行规模经营，深化一二三产业深度融合，在菏泽打造乡村振兴齐鲁样板是一项伟大的创举，是一次深刻的乡村革命，具有划时代意义。依托菏泽市平原大市的得天独厚条件，创新乡村振兴发展模式，走出一条符合菏泽实际的乡村振兴之路，不仅对菏泽具有重要的现实意义，而且对于全国欠发达地区也具有重要的示范作用，具有典型性、示范性、推广性。以美丽宜居乡村建设为重要抓手，实施城乡融合发展，做到工业反哺农业、城市反哺农村，统筹城乡协调发展，推进乡村“五个振兴”，是突破“三农”瓶颈的有效途径。通过开展先行先试，创新体制机制，探索实践从根本上解决“三农”问题的可持续发展新路子，走出一条中国特色社会主义乡村振兴发展之路，努力跑出乡村振兴“加速度”。在危机中求新机，主动求新求变求突破，贡献菏泽智慧和菏泽方案。

二、实施乡村振兴战略，打造齐鲁乡村振兴菏泽样板的理论渊源

1. 从理论发展的维度分析 近代以来，传统乡村如何走向现代化始终是世界各国普遍关注的全球性问题。党的十八大以来，党中央始终坚持补“三农”短板，推动“三农”工作取得历史性成就，实现了理论创新、实践创新、制度创新。党的十九大明确提出乡村振兴战略。“五个振兴”是夯实实践基础、丰富经验积累和深邃理论思考的结晶。

2. 从新时代发展的维度分析 乡村振兴战略具有鲜明的时代性、人民性、创新性，既具有时代价值，又具有里程碑意义。其理论特征主要表现在：以人为本的理论逻辑起点，以国家长治久安和中华民族伟大复兴的历史站位，统揽全局的战略思维，全面布局、“五位一体”总体布局的实践品格。浙江省 2003 年开始实施“千村示范，万村整治”工程（简称“千万工程”），对发展观念、发展目标、工作方式都提出具体要求。实践证明，“千万工程”的实施，实现了多重实践成果。针对我国社会主要矛盾的变化实施乡村振兴战略，破解城乡发展不平衡、农村发展不充分的难题，让广大农民共享发展红利和现代化建设成果。这项由习近平同志亲自调研、亲自部署、亲自实施的工程具有深刻意蕴与宏大战略目标。我国经济正处在转型发展的攻关期，农业继续为稳定经济社会发展大局发挥“压舱石”和“稳压器”的作用更加凸显，为党和国家工作全局赢得战略主动，为国家宏观调控留出回旋余地和腾挪空间的作用更大。绿水青山就是金山银山，美丽宜居乡村是美丽中国的底色，实现农业强、农村美、农民富，朝着共同富裕目标不断迈进，为实现第二个百年奋斗目标不懈奋斗。

3. 从山东省菏泽市发展的实际分析 打造乡村振兴齐鲁样板是山东的一项重要政治任务。2019 年 9 月 17 日山东省委在菏泽单县召开乡村振兴调度推进工作会议，会议指出：“山东区域发展的

最大短板在菏泽，菏泽发展的最大短板在乡村。”针对菏泽乡村这个短板中的短板，菏泽市委、市政府制定了《菏泽市乡村振兴战略规划（2018—2022 年）》。打造齐鲁乡村振兴菏泽样板是创新之举，是构建新发展格局的关键一招，是激活山东“三农”这盘大棋的重要突破点，是确保山东走在全国乡村振兴前列的重大创新举措，必须坚持理念超前、谋划长远、立足现实、创新突破，在危机中育新机，在变局中求发展。着力加强改革的顶层设计，充分调动基层首创精神。在总结实践经验的基础上，增强改革的系统性、整体性、协同性，切实解决农业、农村、农民发展滞后的问题，走出一条欠发达地区乡村振兴可持续发展之路，为全国欠发达地区乡村振兴探索有效实现路径。

三、国外乡村振兴建设模式的成功实践

1. 日本的造村运动 由于地理位置和地形所限，日本只能实施小规模农场模式。在 20 世纪 70 年代末，日本实施以乡村振兴为目的的造村运动，以振兴产业为手段，振兴逐渐衰败的农村。其主要经验：以乡村自身的条件和优势为依托，提高农产品的自身特色、地域特色，增强农产品竞争力；注重农产品初加工和精加工，提高产品附加值，满足消费者多样化需求；大力发展特色旅游、文化项目等“1.5 次产业”；重视“一村一品”带头人等多种人才培训。

2. 韩国的新村运动 20 世纪 70 年代，韩国政府在全国实行“勤勉、自助、协同”的新村运动。第一阶段：以点带面，发挥典型示范带动作用。政府设计了 20 多种改善农村生活环境的工程，政府免费向各村发放一定数目的水泥和钢筋予以支持。第二阶段：将全国的乡村分为三类：基础村、自助村、自立村。第三阶段：由政府主导、有很强“官办”性质的全民参与的民间社会运动。其主要经验：不直接投资，将过剩产能转移到农村进行基础设施建设，根据村庄实际采取分类指导；选出样板村典型，起示范带动作用。支持农民采用先进技术，集体耕作，建立标准住宅，完善生活服务

设施。

3. 德国的村庄更新 20世纪50年代，德国针对战后传统村落风貌被破坏、基础设施需要修复等困境，注重乡村的整体发展和可持续建设，从下而上地开展乡村振兴行动。减少利用没有经济收益的土地，改善农村生活和生产条件。改变了失去农业功能的房屋用途，调整了剩余建筑物的形状、规模。其成功经验：重视“城乡等值化”发展道路；用法律来保障、规划乡村振兴的道路，为具体实践提供了明确的边界和保障；整合资金，为乡村更新发展提供动力；自下而上，鼓励民众参与，实行政府、规划部门和村民三方共同协商的策略。

四、应对措施

1. 坚持新发展理念，准确把握打造齐鲁乡村振兴菏泽样板的新内涵 要从本质上搞清“新”在何处？是什么样的“新”？要从七个方面理解“新”。一是观念新。新观念决定新思路，新思路决定新发展。二是环境新。美丽宜居乡村建设改变传统自然居住环境的脏、乱、差，环境优美、绿色环保，生态环境得到有效治理。三是服务新。基础设施配套完善，服务机构齐全，教育、医疗、养老都有可靠保障，群众能享受到更加优越的现代生活服务。四是产业新。积极发展新兴技术产业和有机生态农业，主动运用新技术、新产业、新业态、新模式，通过建设田园综合体、产业园区、创业园区，以及发展休闲观光农业、农业产业示范区、产业集群等形式，实现农业智慧化、智慧产业化、跨界融合化、品牌高端化，拓展农业产业链，提高农业价值链，实现农民报酬手段的根本性变化，从一产转移到一二三产业融合发展上来。从土地分散经营、小农经济经营模式转化为集约化经营，实现优质、高产、高效的现代化种植模式，有效保证群众的收入高于原来的收入，增强群众的获得感、幸福感、安全感。五是文化新。以新农村文化建设为引领，为乡村文化振兴赋能。坚持以中国特色社会主义文化为指导，大力弘扬传承优秀传统文化，开展群众喜闻乐见的文化主题活动，用绿色、有机、生态文化理念武装群众头脑，以新文化引领新发展。六是动力新。人才是推动乡村振兴的"原动力"。各级党委、政府要制定相应的"筑巢引凤"优惠政策，多措并举激活人才活力。要积极实施"归雁行动"，激励外出成功人士返乡创业。积极开展高素质农民培训，将传统农民转变成农业产业工人，将绿色理念、互联网技术、清洁生产技术等运用到产业链全过程。七是治理新。构建适应一二三产业融合发展的党组织治理新格局，为乡村产业振兴赋能。充分发挥基层党组织的政治引领力、产业发展力、生态治理力、文化凝聚力、人才集聚力，更好发挥党支部书记的"头雁效应"。

2. 坚持科学编制规划，绘就乡村振兴菏泽样板建设新蓝图 坚持优化空间建设布局和促进乡村振兴一体推进。按照居住生态化、建设集约化、管理人性化、布局合理化的理念，统筹考虑规划，建设基础设施和社会化公共服务相配套的现代化农民居住区；构建美丽宜居乡村建设的规划体系。坚持与市、县、镇规划相协调，与全市经济发展战略、县域产业发展布局、农村公共服务规划以及社会事业发展规划、村镇体系等专项规划相衔接，形成相互衔接、系统配套、实在管用的规划体系；坚持民主与集中相结合。广泛征求村民和相关部门的意见建议，坚持规划权威性和实用性并重，完善具体实施方案和建设"施工图"。坚持政府引导、市场主导、规划引领、统筹协调、精准施策。加大对困难村、空壳村资源的整合，坚持依靠群众，以土地资源的集约利用为目标，加快农村土地流转，积极发展"新六产"。坚持农业标准化，完善标准体系；坚持一二三产业融合发展，完善利益联结机制；坚持产业发展，拓展农民增收空间；坚持规模化生产，促进现代农业发展；持续推进新型工业化、信息化、城市化、农业现代化协调发展，满足人民群众对美好生活的新期盼。

3. 坚持因地制宜，突出乡村振兴菏泽样板建设实践的新成效 "五个振兴"是乡村振兴的重要指标。进入新时代，促进乡村振兴是各级党委、政府的重要职责和为政之要。新型农村社区建设是撬动乡村振兴的重要支点，是有效解决村庄"空心化"、弱势留守群体扩大和农村配套设施、医疗、教育、公共服务落后的短板以及农村脏、乱、差等突出问题的科学方案，通过资源整合和功能性配套设施建设，优化新型社区的整体功能，实施“一揽子工程”，整体解决困扰农业、农村、农民发展的瓶颈问题。根据不同村庄实际加强分类指导，加大对困难村、空壳村资源的整合，坚持依靠群众、组织群众、发动群众，坚持以土地资源的集约利用为目标，加快农村土地流转，促进农业规模化生产经营。以合作社等新型经营主体为纽带，积极培育社区特色产业，增强新型农村社区自我发展能力。坚持从实际出发，有序推进美丽宜居乡村建设，达到多重实践新成效。既要加快补齐农村发展最大的短板，也要减少重复投资，提升整体效益；既要有利于从根本上破除传统城乡二元结构、加快农业现代化进程，也要有利于推动城乡一体化发展；既要有利于大规模良田种植，也要有利于有效扩大农村投资；既要有利于完善农村基础设施配套，也要有利于高效集约利用土地；既要解决空壳村土地资源闲置浪费及乱搭乱建的问题，也要有利于乡镇利用节余土地指标建设产业园区，发展产业化经济。

4. 坚持典型先行，形成示范带动的新效应 经过实践初步探索出四种模式。

一是黄河滩区迁建式。为彻底解决黄河滩区“三农”问题，按照拆迁整合、方便生活、筑台建村、就近安置建设的原则，实施新型农村社区建设。菏泽市黄河滩区脱贫迁建涉及东明县和鄄城县 40 605 户、145 589 人，切实保护好黄河这一母亲河，对促进黄河滩区生态保护和高质量发展作用巨大。

二是乡村振兴田园综合体模式。如鄄城的“现代农业＋光伏发电＋特色农旅”田园综合体项目。这是发挥国家开发银行金融优势、青岛昌盛日电太阳能科技有限公司技术优势、万邦集团规模化养殖技术优势、山东发展投资控股集团有限公司资金优势、山东省突破菏泽鲁西崛起政策支持优势等多种优势叠加的成果，实现了现代农业、清洁能源、文化旅游有机融合，推进实现乡村振兴战略目标。鲁西新区金硕生态农业高新产业园实施田园综合体模式，实行农牧结合、种养平衡、生态循环、养殖粪肥资源再利用，实行南花北养设施化培育，被农业农村部确定为无公害农产品认证企业。通过一二三产业有机融合，实现了社会效益、经济效益、生态效益的有机统一，探索实践乡村振兴金硕模式。

三是中心城镇集聚提升模式。坚持县域经济发展、小城镇开发建设、美丽宜居乡村建设，一体规划、一并推进。统筹考虑耕地保护、粮食安全与农民富裕，推进工业化、城镇化和农业现代化协调发展。郓城县随官屯镇就是该模式的典型案例。坚持立足“建设中心新村、发展集镇、膨胀县城”的思路，以中心新村建设作为重要抓手，构建科学合理的城镇体系、人口分布、产业布局、就业结构，以此作为推动乡村振兴的重要切入点，培育乡村发展的增长点。郓城县随官屯镇积极推进村庄规划，优化产业布局，夯实乡村振兴的基石，学校、村卫生室、文化广场、文化书屋等服务设施配套齐全，街道干净整洁、绿树成荫，为探索实践乡村振兴的新途径发挥了示范引领作用，取得了明显成效。

四是中心村集聚模式。针对原来村庄规模较小、集体经济实力相对落后、农村公共服务相对匮乏、乡镇地域面积较大、边远村庄到乡镇中心距离较远的情况，采取向中心村集聚的方式，既可以减少村庄分散带来的资源浪费，弥补公共服务的不足，也可以突破固有的村庄界限，进行更广范围的交流与融合，提升公共设施和公共服务水平，建设美丽宜居新乡村。

5. 坚持问题导向，绘就打造齐鲁乡村振兴菏泽样板新画卷

推进美丽宜居乡村建设必须解放思想，突破传统观念的束缚，把中央、省、市等政策宣传到位。教育引导大家接纳、支持新生事物，尤其要做好老年人的思想工作。要坚持把群众利益放在首位，美丽宜居乡村建设要与乡村特色产业发展同步规划、同步设计，既要积极发展特色产业和经济效益高的产业，实现村民就近就业，增加农民收入，也要对水、电、暖、燃气等统筹考虑，降低生活成本。搞好乡村道路、天然气、水电管网、垃圾和污水处理设施、通信设施及景观绿化等基础设施建设，配套建设学校、老年公寓、服务中心、公园等服务设施。推行完善乡村社区一站式服务，做到一次性办好。繁荣乡村文化，促进乡村文化建设从有到优、从弱到强，逐步发展。要坚持用发展的眼光看待发展中的问题，在具体操作中应坚持问题导向，充分尊重群众意愿和基层首创精神，创新实践“镇域城市＋新型农村社区＋特色村”发展模式。

6. 坚持精准施策，探索打造齐鲁乡村振兴菏泽样板建设新模式 按照各乡村所在的地理位置和资源配置、人口结构和规模、产业发展需要等具体情况，综合考虑各种因素，审慎确定建设模式。稳步推动耕地向规模经营转移，产业向园区转移，人口向社区转移，服务向以“为民”为中心转移，载体向新型合作社转移，平台向田园综合体转移，生态向有机农业转移；坚持目标导向和结果导向，统筹调整完善相关政策，强化政策杠杆撬动作用，聚力破解重点、难点、痛点问题。通过路径探索、模式创新、经验总结，为全国、全省乡村振兴提供可复制、可推广的创新经验和可行路径；借鉴吸收国内外美丽宜居乡村发展经验；打造先进样板，积极推广成功做法，由点到线，由线到面，逐步推进。

着力推进水生态修复与治理工作，加强生态建设，做活水文章。治理沟渠、修复生态，既是政府的重要职责，也是群众多年来的深切期盼。2017 年初，菏泽市成武县开始对河湖生态重点进行修复和保护，打通城区分散河湖、实行河湖贯通，稳步实施还湖还湿、退渔还湖工程。以生态文明建设为重要切入点，修复生态，打通河湖，引水入城，抓好源头防控，抓河湖生态修复，建立长效治理机制，建设水城融合的宜居宜业之地。目前，文亭湖、乐城河、郜城河等已与东鱼河水系连通，“清水入城”“五湖四河”生态水系骨架基本形成，北部城区水系面积由 1 800 亩* 扩至 4 000 亩，实现了“水清”“水美”。通过拆迁规划、清淤疏浚、源头控制、引水入城等工程“刮骨疗伤”，彻底修复水生态，打造水韵新城的生态

---

* 亩为非法定计量单位，1 亩≈667 米^2。

环境，给群众带来幸福感的同时，也惠及城市生态环境中的各种生物，吸引大批鸟儿前来安家，“网红鸟岛”远近闻名，为生态城市建设、保护生物多样性打造了成武样板，为人与自然和谐共处贡献了成武力量。

7. 坚持争取多方支持，聚集打造齐鲁乡村振兴菏泽样板建设新资源　城乡建设用地增减挂钩节余指标收益和村庄整治增加耕地获得的占补平衡指标收益，重点支持美丽宜居乡村建设；建立乡村振兴专项资金稳步增长机制，积极争取上级项目和资金支持；引导社会资金参与乡村振兴建设。充分发挥政府投资、融资平台的作用，拓宽融资渠道，扩大融资规模，提高融资能力，按照“谁投资、谁受益”的原则，对乡村基础设施、公共服务设施项目进行包装推介，吸纳社会资金参与建设。充分利用好突破菏泽鲁西崛起的有利政策，积极争取上级乡村振兴专项资金支持。

8. 坚持突出产业引领，激活打造齐鲁乡村振兴菏泽样板发展新动力　充分发挥土地资源优势，制定优惠引企政策，吸引农业龙头企业进产业园区，依靠土地流转等形式建立示范园区；实行托管农业模式，做强现代种养业。按照规模化、标准化、品牌化和绿色化原则，延伸拓展产业链，建设特色畜产品基地和农副产品基地；优化乡村休闲旅游业。建设一批休闲观光园区、乡村民宿、健康颐养康养基地，培育一批美丽休闲乡村、乡村旅游重点村，实施休闲农业和乡村旅游精品工程。吸引村民参与土地入股分红、进厂打工，增加村民收入。

菏泽市成武县以建设农产品加工产业园区为抓手，培育产业龙头集群，拉动产业快速发展。坚持以“打造高端现代农业及仓储物流示范基地”为发展目标，秉持“项目园区化、产业链条化”理念，发挥久久为功、艰苦创业的园区精神，全力打造百亿级农产品加工产业园区，不断增强乡村振兴的硬实力。农产品加工产业园依托新万福河复航工程和成武港安济河作业区高标准规划建设，位于大田集镇，规划面积 5.64 平方千米，地理位置优越，水陆交通便捷，德上高速穿境而过并在园区内设有出入口，菏泽成武港区设有

5 个1 000吨级泊位。园区以农副产品精深加工产业为主，包括屠宰、肉食品加工，以及玉米、小麦、大蒜、蔬菜等农产品深加工，发挥省级农业产业化龙头企业带动集聚作用，山东大泽成生物科技有限公司、山东成润肉类食品有限公司、浩林科技（山东）食品有限公司、成武思玛特食品有限公司、山东水发金桥国际贸易有限公司、菏泽天鸿果蔬股份有限公司、成武县亚森饲料有限公司等入驻园区。鲁西新区万福办事处引进高、新、精、尖技术，走以工促农、农头工尾之路，注重品牌打造，聚焦标准化、绿色化、品牌化，助推乡村振兴。

实施一二三产业融合发展，助推产业振兴。成武县（九女集镇）省级现代农业产业园，始终坚持标准化生产、科学布局、合理规划，突出绿色、生态、高效的循环发展模式。依托国家农产品质量安全县，在九女大棚扶贫综合开发示范基地等优质蔬菜生产基地，设立农产品质量安全追溯点，确保园区生产标准化、经营品牌化、质量可追溯，园区农产品抽检合格率 99%。在园区大力发展循环农业，推广以节水、节肥、节能为重点的现代农业生产模式，废弃物综合利用率达 86.5%。目前，园区内从事主导产业生产经营的合作社达 206 家，从事主导产业生产经营的家庭农场 40 家，认证绿色食品 31 个，认证标准化基地面积10 335亩，绿色、有机农产品认证比例达到 35%以上。产业园创建实行“公司＋基地”“公司＋家庭农场”“公司＋合作社＋基地＋农户”利益联结机制，通过农产品加工龙头企业与农民合作社、家庭农场及种植大户建立合作机制，带动就业人数 11 550 人，使农民能够分享加工业带来的二次分红，园区内农户人均收入比园区外农户人均收入高出 32.8%。通过提高园区技术装备水平，园区内生产机械化率整体达到 92.5%，农产品加工转换率增加到 75%，农业科技贡献率达到 75%，科技对深加工的支撑作用凸显。

9. 坚持强化自我管理，筑牢齐鲁乡村振兴菏泽样板新保障

积极引导农民参与自我治理，成立农民理事会，构建多元化的参与机制，充分发挥农民的主体作用，激发农民内生动力；增强村民的法治意识，引导村民运用法治思维和法治方式化解矛盾、解决问题。让“法的精神”“法的价值”融入整个社区和乡村社会；弘扬真善美，制定村民道德公约等自律规范，发扬社会主义新风尚，培育良好家风、乡风，提升乡村治理水平，逐步实现治理体系和治理能力现代化。

10. 坚持加强党的领导，筑牢打造齐鲁乡村振兴菏泽样板政治新保障　以提升组织力为重点，突出政治功能，完善新型乡村的组织体系、制度体系和工作机制，选优配强基层党组织，把农村基层党组织建设成为坚强的战斗堡垒；加强社区村工作者队伍建设，提高其依法办事、执行政策和服务居民的能力，完善考核评价机制，调动大家干事创业的积极性；面向城乡劳动力市场需求和国内、国外两个市场，培育新型现代农民，积极发展智慧生态农业，推动现代优质高效生态农业发展。

11. 坚持创新实践，打造齐鲁乡村振兴菏泽先行实验区　精准对标农业现代化，精准对标乡村振兴，补齐“三农”短板，是菏泽市委、市政府亟待破解的最大难题。打造齐鲁乡村振兴菏泽试验区是破解发展难题的有效途径和方法。通过先行先试，建设国家菏泽农业实验区，给予优惠的政策支持，推动乡村“五个振兴”互相支撑、协同发展。统筹城乡协调发展和城乡融合发展，建立健全和完善以城带乡、以工促农、城乡融合发展的体制机制，通过体制机制创新、优惠政策支持和市场需求拉动，促进城乡生产要素双向自由流动，实现公共资源合理配置。2017 年、2018 年、2019 年，分别建成社区 27 个、48 个和 72 个。菏泽市委、市政府高度重视新型农村建设工作，成立领导小组和工作专班，2018 年出台了《菏泽市农村新型社区建设和新型小城镇建设融合发展试点实施意见》，2019 年出台了《菏泽市“两新”融合发展试点建设工作推进方案》，按照“分步实施、梯次推进、稳妥有序、滚动发展”的原则，稳步推进新型农村社区建设，集中打造新型农村社区，为乡村振兴探索新路，为美丽宜居乡村建设创造经验。菏泽市已对所有村庄进行了调查分类，根据分类情况，合理搬迁撤并同类部分村庄。对于民居建筑户型样式选择，充分尊重农民意愿，不搞“一刀切”，一般采取两层带院住宅、3＋1联排式低层住宅、6＋1单元式多层住宅、小高层电梯楼房等民居建筑户型设计模式。从实践看，菏泽市有关县区新型农村社区建设的路径各不相同，但都取得了一定成效。黄河故道偏远村镇的单县高韦庄镇马寨村被纳入山东省第一批美丽村居建设试点。着力提升村庄建设品位、内涵，努力探索美丽村居建设新路子、新模式。紧紧围绕改善群众住房条件，提升农村人居环境，统筹做好村庄规划建设、产业发展、基础设施配套等工作。坚持校地合作、资源共享、协同创新对接、政产学研用结合，菏泽学院与菏泽市共建了菏泽乡村振兴学院、黄河研究院、生命科学院、新闻传播学院等，助力菏泽乡村振兴。

总之，实施乡村振兴战略，打造乡村振兴样板是一项创新性工作，必须政府主导、市场运作、社会参与，充分调动各方面积极性。必须坚持因地制宜、创新实践，以美丽宜居乡村建设为重要抓手，以乡村“五个振兴”为建设目标，为打造齐鲁乡村振兴菏泽样板不断探索新路子、总结新经验。

第二节　打造农村电商基地，助推乡村振兴

菏泽市以推进电子商务高质量发展为目标，加快网络与实体经济相融合，电商产业已成“燎原之势”，实现了迅速崛起，领先发展。

一、电商新模式迅速崛起，培育了经济新业态、发展新动能

电商新模式、新业态的迅速崛起和快速发展，为菏泽经济发展提供了新的发展动力，赋予了新的动能，电商新模式、新业态在菏泽大地得到蓬勃发展，淘宝村、淘宝镇、淘宝县大量涌现，为乡村振兴注入了强大活力，加速了一二三产业融合发展，政策支持力度

不断加大，市场拉动力更加凸显，电商经济成为区域经济发展的新的经济增长点，成为助推乡村振兴的新亮点。2015 年以来，菏泽先后出台了《菏泽市人民政府办公室关于支持电子商务发展的实施意见》等 40 多个支持电商发展的政策文件，第五届中国淘宝村高峰论坛主论坛、第三届全国电子商务促进乡村振兴高峰论坛等重大活动在菏泽成功举办。菏泽市政府在全国地级市中率先对直播电商新业态进行政策支持，印发了《菏泽市直播电商发展行动方案（2020—2022 年）》，为电商发展进行了科学规划、制定了行动方案。加强与专业性科技性企业的战略合作，如与拼多多公司签订战略合作协议，共同致力于开展传统产业数字化转型升级、农产品上行体系化建设、打造全国电商直播示范基地等多个方面的合作。一批大型互联网企业与菏泽开展电商产业基地、直播平台等共建合作。腾讯直播菏泽电商产业带基地在菏泽成立，聚焦培养直播技术人才，在各县区开展了密集培训。全国第五家 58 同镇信息服务中心在鄄城落户，菏泽市首家 5G＋电商产业基地在天华花都小商品城落户，为传统商贸企业和批发市场插上科技翅膀，有效实现“互联网＋”转型升级，积累菏泽经验，贡献菏泽模式。山东省 9 个淘宝直播村播学院有 2 个在菏泽市落地；10 个直播孵化培训基地在菏泽市建成，成功培育腰部以上的“带货”网红 100 余人（粉丝数在 10 万～100 万的为腰部网红）；利用互联网技术，成功举办了“云赏牡丹”大型直播活动。菏泽市委书记、市长走进直播间，为菏泽市特色产品代言，在淘宝网“淘宝直播”首页置顶 2 小时，线上观看超过 87 万人，16 327 单业务在线成交，直播活动取得明显效果，实现了有效的宣传推介，让“一都四乡”的菏泽享誉国内外，进一步推动了电商经济、“互联网＋”技术的发展；天猫优品服务站和天猫优品合作店、苏宁易购直营店、苏宁易购精选店、京东便利店等 228 家店成功在菏泽完成布局，加快了新零售电商产业的发展。京东学院落户菏泽，菏泽学院加快应用型本科高校建设步伐，推动学校转型发展，不断优化学科专业布局，坚持专业链对接服务行业链、产业链，强化电商专业人才培养，为菏泽电商人才培养起到了较大的支撑作用。

二、大力培育淘宝村，推动农村经济发展，助力乡村振兴

农村电商、直播技术、新媒体技术的发展，让大批农产品、加工产品走出了农村，走上了电商平台，成为电商销售产品，促进了农村电商产业的快速发展，进一步推动了菏泽电商产业的发展，催生了新一轮技术革命。菏泽市是山东省农业大市，为国家粮食保供应、保安全，作出了一定贡献。适应新时代、新技术、新业态发展需求，众多农民因为熟练掌握电商技术、熟悉农产品属性、掌握网络技术，成为精通销售的“网络达人”。农村电商的发展，不仅创造了更多创业就业的机会，增加了群众收入，也吸引了一大批怀揣创业梦想的外出务工人员、创业成功人士和大学毕业生，纷纷返乡创业就业。在菏泽市形成“归雁效应”，出现了“城归”现象。目前菏泽市拥有 18 万家电商企业，电商企业群效应凸显，带动线上线下 50 多万人就业，电商产业已经成为菏泽市一道亮丽的风景带。淘宝村的群众，通过互联网提升了境界，开阔了视野，改变了格局，创新了他们的思维方式、生活方式、生产方式，提高了群众的幸福感、安全感。菏泽电商产业的蓬勃发展，带动了相关产业的大发展，“阿里巴巴国际站全国最大的木制品跨境电商基地”“全国最大的演出服饰生产基地”“国家级外贸转型示范县”相继诞生在菏泽大地。菏泽市出现一批基于互联网创业的中小微企业，带动一大批人员就业。

加快菏泽淘宝村、淘宝镇集聚发展，快速壮大、膨胀和裂变。突出重点，大力推动直播经济快速发展。突出围绕淘宝村培育、直播经济发展、电商生态完善、平台合作共建、电商助推乡村振兴等重点工作任务，大力推动郓城县、曹县 2 个国家级电子商务进农村综合示范县的综合示范工作。培育“国家电子商务示范基地”，使菏泽淘宝村数量居全国第一位，有效实现了跨境电商逆势上扬，不断促进直播经济快速发展，电子商务示范基地辐射带动作用进一步

显现。2020 年 12 月 20 日，在菏泽成功举办了第三届全国电子商务促进乡村振兴高峰论坛暨第四届中国淘宝村转型与升级发展论坛，进一步推动了电子商务向纵深发展。淘宝村的转型与升级，进一步推动了淘宝村发展，使其焕发出勃勃生机和旺盛活力。菏泽市以此为契机，进一步推动电子商务和淘宝村、淘宝镇的发展，形成了燎原之势，发展势头强劲。2020 年菏泽市淘宝村、淘宝镇数量居全国地级市第一位，分别达到 396 个、69 个。菏泽市曹县以 151 个淘宝村的数量，在全国继续保持第二大淘宝村集群，为曹县经济社会发展作出了重要贡献。曹县大集镇丁楼村连续 8 年被评为全国十大最美淘宝村，为菏泽赢得了荣誉。鄄城县发制品入驻中国淘宝村博物馆，发制品成为鄄城县独具特色的产业之一。2021 年，菏泽淘宝村、淘宝镇数量均稳居全国地级市第一位，分别为 516 个、84 个。菏泽所辖 11 个县区实现了淘宝村的镇域全覆盖，曹县连续 4 年被阿里巴巴评为全国第二“超大型淘宝村集群”“江北最大的淘宝村集群”，电商新业态在菏泽得到快速发展、抱团式发展、集群式发展。

电商发展生态不断完善。国家电子商务示范基地、跨境电商基地等在菏泽产生。天华电商产业园集聚了大批电商企业，被授予“国家电子商务示范基地”的称号，成功培育“全国最大的演出服饰生产基地”“阿里巴巴国际站全国最大的木制品跨境电商基地”。截至目前，蚂蚁金服已为曹县累计放款 52 亿元，位列山东省第一位。支持蚂蚁金服在菏泽市开展首批县域百亿授信计划，提供淘宝、天猫商户提前收款等服务，切实解决电商企业融资难等问题，电商发展生态环境、金融环境、产业环境不断完善，逐步呈现出电商发展生态高地效应。

三、跨境电商进入了快速发展的快车道

跨境电商的快速发展，进一步提升了出口产品的国际竞争力。菏泽市跨境电商业务不断增加，交易额不断提升，逐步成为新的经济增长点，成为全市出口的主要拉动力。目前，菏泽市已经有 340

余家企业通过阿里巴巴平台出口商品，跨境电商已经进入经济发展的快车道，成为经济发展的重要推动力和支撑力。2020 年 4 月，亚马逊在曹县成立了国内唯一一家县域运营中心，20 余家外贸企业与其签订合作协议。伴随跨境电商业务的发展，曹县已成为全球最大的木制品跨境电商产业带，成为全国最大的木制品跨境电商制造出口基地，带动了当地木制品产业的快速发展，赢得了很好的经济效益、社会效益、生态效益。为进一步提升出口产品国际竞争力，菏泽市积极引导企业建设“海外仓”，增强出口创汇可持续发展能力。立足国内和国外两个市场，在强化国内电子商务发展的同时，逐步拓展国外电子商务市场。目前，已有 12 家企业在美国、英国、波兰等国家和地区建设“海外仓”，国外市场开拓能力逐步增强。按照“鼓励新模式、新业态发展，开拓城乡消费市场”的总体要求，积极推动农村电商、直播电商、新零售等提档升级，创新发展电子商务平台经济，坚持政策支持、市场引领、平台搭建、品牌打造，实施电商品牌战略，完善电商生态体系，丰富电商新业态，促进菏泽市电子商务持续健康发展，实现富民、富企、富财政的目标，集中力量、集中精力、集中财力，融智、融资、融技、融企，有效整合资源和平台，把菏泽市建设为集聚程度高、交易规模大、发展环境好、支撑体系强、发展后劲足，且具有国际竞争力和辐射鲁苏豫皖四省的电子商务中心城市。

四、突出典型案例引领

突出典型引领作用，提升菏泽电子商务品牌影响力。人民日报社、新华社、中央广播电视总台等媒体的 30 余位记者，开展“走向我们的小康生活”主题采访报道活动，走进了中国淘宝村——菏泽市孙庄村。活动主题突出，聚焦农村电商，由点到线，由线到面，深入挖掘报道了孙庄村这一淘宝村的发展历程和典型经验，有效提升了菏泽市农村电商的知名度和影响力。曹县“出圈”了，曹县除在微博平台引发热议之外，在短视频平台，1 个月的时间，曹县相关视频总播放量达到 2.68 亿，在木制品、演出服、汉服等方面都是淘宝上的领先者和关注热点。在日本，超过九成的棺材产自曹县，曹县木制品产业成为推动经济社会发展的重要支柱产业。曹县大集镇每年承包全国70%的演出服，汉服销量占全国的1/3，是全国最大的表演服饰生产、销售乡镇，庄寨镇是山东省板材加工产业大镇。

第三节　促进乡村产业兴旺的路径选择

党中央、国务院始终高度重视“三农”问题，把“三农”工作放入党和国家事业发展的大局来谋划和推动。多年的改革开放实践使得农业农村发展状况有了天翻地覆的变化，但农业农村发展依然存在“不充分、不平衡和不可持续”的问题，农村产业发展相对滞后问题凸显，主要表现出农业生产利润率不高、农业产品结构单一、应对市场和需求变化的能力弱、资源短缺和环境污染等。因此，引领农村农业发展，促进产业兴旺成为迫在眉睫的任务。自2015年起，中央一号文件反复强调加快培育第三产业，深入推动农村一二三产业深度融合，构建现代农业产业体系，发展新技术、新产业、新业态、新模式，拓展农业产业链，延伸价值链，促进产业兴旺。党的十九大报告正式提出农业供给侧结构性改革，实施乡村振兴战略，为促进乡村产业兴旺指明了方向。2020年中央一号文件又一次聚焦了补齐“三农”短板，挖掘产业兴旺潜力，确保乡村振兴。

一、农业产业发展存在的短板

（一）农业种养业（第一产业）不强

山东、安徽、河南等地适合多种农作物生长，产量高、品质优，是全国商品粮主产省；但也存在农业大而不强、多而不优的问题，仍保持以传统的农业和牧业为主的格局。由于农产品在商品化处理、保鲜技术、冷链物流和农业服务等方面存在缺失，导致“硬核”竞争力不强，辐射范围较小；生态农业和有机农业发展任重道远，要尽力满足新时代人民群众对美好生活的新期盼、新要求。在当今由高数量增长向高质量发展转变、由线性经济向循环经济转变的时代，农业依旧在很大程度上延续粗放的种养模式、过度利用资源的生产模式，满足不了人们对高品质农产品的需求，“一产”弱掣肘了农业新产业、新业态、新模式的持续发展。

（二）农产品深加工业（农业相关第二产业）不优

农产品既有种类多、总量大的优势特点，也有精深加工可持续发展能力不足的问题。在粮食、生猪、茶叶和油料等方面有大宗农产品，但整体看来，农产品深加工业及相关行业发展后劲不足，与农业大省的地位难对应。在加工方式上，农产品加工仍以分散作坊为主，设备简陋、传统半机械化的粗加工产品多，精深加工产品少，亟须推广农副产品加工的标准化、有机化、科技化、智能化和集约化，实施全产业链开发，打造全产业链，加速提升农副产品加工附加值。

（三）农业服务业（农业相关第三产业）不活

农业服务业在科学技术推广与运用、农业供给侧结构调整与优化、农业产业改造与升级、乡村振兴与产业兴旺等方面起着重要纽带作用，其服务水平决定了农业产业兴旺程度。农业服务业（农业相关第三产业）不活跃的原因有如下几点。一是相关投入偏低，导致农业科技创新和推广服务滞后。农资、农机、农业科技推广和农业信息等服务水平不高、功能不强，导致小农生产与大市场无法对接。二是农产品冷链流通体系不完善。冷链物流存在制冷设备陈旧、先进的微冻和冰冻技术尚未普及，冷藏物流配送体系不完善，冷链物流的短板影响和制约了农产品从农田到餐桌的全低温过程，无法在各环节保证产品质量。三是电子商务人才缺乏。导致电子商务、电商平台等新业态推广难度大，农村电子商务无法普及。四是农村旅游业存在短板。农村旅游没有充分挖掘区域独特的资源禀赋、自然风光和民俗文化等优势，也没有重视精神文化，更没有构建“农村旅游业＋”的农业新业态，仍然停留在以“观农家景、住农家院、体农家活、品农家菜、买农家物”作为主题的特色小镇（农业庄园）阶段，满足不了不同层次游客的新要求，制约了农业旅游健康成长，不利于加快促进乡村振兴。

二、制约乡村产业兴旺的因素

基于乡村振兴战略视角，农业在国家一系列惠农政策支持下，产业发展取得了一定成效，但面临严峻复杂的国内外经济形势，以及农业产业发展自身存在的问题，产业兴旺仍存在诸多制约因素。

（一）产业兴旺相关长效机制不够完善

一是农业产业结构发展失衡。种植业比重大，畜牧业比重偏小，服务业比重最小，不能适应产业发展需要。稻谷、玉米呈现阶段性过剩，优质小麦供给不足，饲草植物和大豆的产需缺口较大。二是资金、技术等要素投入不足。农业资金投入不足、农业融资门槛高、农地抵押贷款受限，无法满足农业经营主体资金需求。三是生态环境和自然资源对产业兴旺存在约束。近年来虽然大力推广精准施肥、节水灌溉和农作物病虫害绿色防控等新技术，但仍未彻底摆脱“大田、大水、大肥、大药”的粗放式生产。四是利益共享、风险共担的紧密型利益联结机制有待建立和完善。新型农业经营主体发育迟缓，存在着经营管理水平较低、内部治理结构相对简单、利益联结机制不紧密等现实问题。农业经营主体间衔接主要以简单合同形式为主，以“资源共享、资金入股、土地入托和风险共担”等紧密的利益联结的比例很低，龙头企业在产业发展中难以发挥引领作用，导致农业产业链无法延伸、产业功能无法拓展、优势产业无法提升，最终影响产业兴旺。

（二）农村人口素质与产业兴旺存在矛盾

产业兴旺必须有一定数量的高素质农业劳动者支撑。目前，常住城镇人口数量呈不断上升趋势，常住乡村人口的数量迅速衰减、素质得不到提升，严重损伤农村产业发展。一是“农村空心化”造成劳动力供给与产业发展不匹配。目前农民外出打工和离乡创业成主流，导致大量的农村资源搁置，一些传统村落凋敝或消亡，乡村的记忆和文化流失。二是农民老龄化使农村人口素质得不到提升。较高素质的青壮年劳动力主要选择离乡进城就业，留在农村地区、支撑农业生产活动的主体仍然是50岁以上的中老年人口，他们通常思想观念落后、技能水平较低、经营方式粗放，这种农业劳动力的流失会损伤乡村产业兴旺的根基。三是农业副业化。总体上来看，副业化农业是典型的“以代际分工为基础的半工半耕”模式，家庭收入主要源于外出创业就业的工资收入，农业生产经营沦为补偿农民生活成本的“副业”，存在农业要素投入先天不足，限制了产业兴旺。

（三）农业产业化水平偏低，一二三产业融合不紧密

一二产业产值比重较大，能够为产业兴旺注入强“润滑剂”的高附加值第三产业始终弱势且所占比重相对较低，产业结构优化提升缓慢，农业产业层次偏低，农民于田、水、圈生产的初级产品直接进入市场，产品附加值低甚至无附加值。总之，农业产业链短且产业链功能没有拓展延伸，一二三产业融合不紧密，无法形成利益共享、风险共担的互惠共赢机制，不利于实现乡村产业兴旺。

（四）现代农业三大体系不健全

一是现代农业产业体系不健全，产业结构亟待优化。小麦和玉米作物虽种植面积较大，但同质化严重，农产品品质适应市场需求的能力较差，饲料用粮和大豆生产不足；种养分离、衔接不畅，一二三产业还没有实现深度融合；农产品加工转化增值率偏低和精深加工能力不强。二是现代农业生产体系较落后。农业生产基础设施建设依然薄弱，农业和农产品公共平台建设、农机农艺融合、良种良法配套、信息服务、金融服务等较为滞后，对农业相关产业的支撑能力不足；多年来，以牺牲生态环境为代价换取持续增产的“后遗症”日益凸显。三是农业经营体系中农村社会化服务水平难以达到乡村振兴的标准。农业组织化程度低、经营主体素质不高，新型经营主体扶持政策滞后，公平有序竞争的现代农业经营体系尚未完全形成，小规模农业产业经营难以适应大市场竞争要求，迫切需要构建乡村振兴视角下的现代农业经营体系，促进产业兴旺。

三、促进乡村产业兴旺的措施

（一）加强农村相关制度改革和创新，提供产业兴旺新引擎

破解乡村产业兴旺障碍，根本上要靠深化农村相关制度改革和创新。一是盘活农村土地资源要素。在坚持基本土地经营制度的基础上，对于农村承包地和宅基地，要稳步推进“所有权、承包权、经营权”三权分置，将“三块地”盘活（农村土地征收、集体经营性建设用地入市、宅基地管理），进而推动农村土地有序流转，激活农业产业主体，盘活农村资产、资源和市场，为农村产业以适度规模健康发展创造条件，深度挖掘土地的使用价值，使土地成为最活跃、回报丰厚且最具潜力的生产要素，促进产业兴旺。二是深化“三变”改革，保证资产的保值增值。推进本地集体经济组织规模化发展，完善小农户参与产业兴旺的收益共享机制。三是深化农村金融体系改革，破解农业产业发展中资金不足的问题。整合和撬动存量资金，在政府加大支农投入的基础上，综合利用税收优惠、农业保险、农业贴息、农业补贴和政府购买农业生产服务等方式，确保资金要素向农业倾斜，加大在有机农业、新品种选育、新技术研究和推广、耕地地力保护、化肥和农药合理使用、畜禽粪便和农作物秸秆资源化处理利用等方面的资金投入，大力发展生态农业和循环经济，带动农村产业健康发展。

（二）多举措激发人才活力，为乡村产业兴旺注入新动力

人才是乡村产业兴旺的基石。产业兴旺的最大制约是缺乏一大批有文化、懂农业、善经营、有能力且愿意扎根农村、服务乡土的人才队伍。各地政府部门要制定相应的“筑巢引凤”优惠政策，营造重知识和惜人才的环境。吸引乡贤反哺农村，破除“乡归”与产业兴旺带头人所面临的土地、资金和生产服务等生产要素的约束，创造条件让他们进行产业链延伸、产业升级和产业融合，引领产业兴旺。农业相关部门要为农业相关产业的从业人员提供新理念、新思维、新技术、新品种。多措并举将传统农民转变成农业产业工人，提高本土人才综合素质，将绿色理念、互联网技术、清洁生产

技术等运用到农业产业链全过程中，从而使“量农业”转换成“质农业”。

（三）构建现代农业“三大体系”，激发产业兴旺内生新活力

激发产业兴旺内生新活力，就是要通过构建现代农业产业体系使小农生产与大市场需求无缝衔接。一是要立足地方资源优势，积极发展“新六产”。立足乡村区位特点，在做好生态环境保护的前提下，充分利用农业产业资源禀赋、历史人文资源和农业产业发展过程中积累的比较优势，抓住市场的“无形手”，迅速发展以新业态、新产业、新技术为支撑的农业“新六产”，培育“一乡一业、一村一品、一乡一特色”，完成与竞争优势产业带的无缝对接，形成地方经济发展差异优势产业集群。二是转变农业生产方式，构建现代农业生产体系。提升农业生产效率，发展“质农业”，增加农村农业发展动力源，扭转农业要素投入方式，逐步改变劳动密集型和以牺牲自然环境为代价的生产方式，积极发展“互联网＋”、高新科技、现代设施农业，推进一二三产业深度融合，推广农业标准化生产、现代生物技术、大数据和精准滴灌等现代技术，助推农业生产技术升级。三是发展多种形式、适度规模的现代农业经营体系。培育“一懂两爱”高素质新农人，健全农业社会化服务体系，鼓励使用多元化经营模式，破解“小规模农户和现代农业发展大市场”之间对接的问题，推行经营权流转、土地托管、联耕联种、“家庭农场（大户）＋ 社会化服务”等模式，促进农村电子商务相关产业链的发展。

（四）增强城乡要素的能动流动和重组，补齐产业兴旺的短板

多年存在的城乡二元结构，导致城乡之间在人才、教育、信息、技术、土地、资金和管理等方面存在差距，城乡统筹一体化协调发展水平较低。为此，党的十九大报告提出了加快推进城乡要素融合发展战略，目的就是为了补齐实施乡村振兴战略的要素短板，激活乡村产业兴旺的内生动力。在政府与市场共同作用下，使城乡间的一系列要素合理流动并重组，形成良性循环，激活农业劳动力、生态环境、乡村文化和农产品等资源，构建“城市＋特色镇＋

幸福美丽新村＋特色产业园”的城乡深度融合体系，催生各种农业新业态，拓展休闲观光、民宿服务、疗养度假养老、文化教育、安全与健康、“互联网 ＋ ”等新产业，打造人与自然、产业与生态、环境与人居和谐相融的新型城乡空间形态，促进现代农业多功能性与社会化的发展（图 1）。

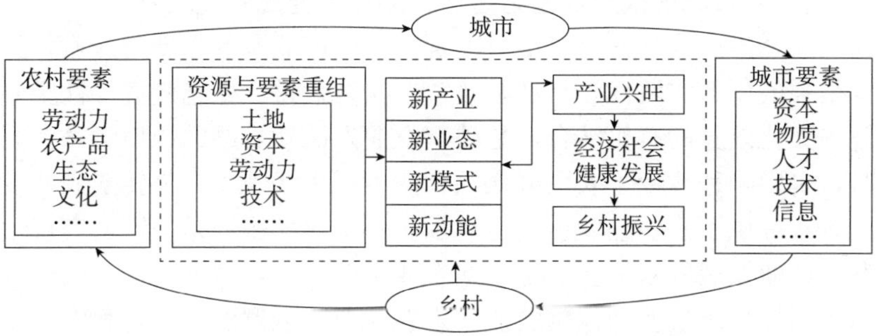

图 1 “城乡要素”融合下的产业兴旺内在关系

（五）推动一二三产业融合发展，创新产业兴旺新模式

推进一二三产业融合是中国特色社会主义新时代发展的必然要求，是实施乡村振兴战略的重要内容，是突破“三农”瓶颈的重要举措，有利于促进现代优质高效生态农业发展，有利于满足人们对美好生活的期盼，有利于促进乡村振兴。一是要坚持政府主导，发挥政策引领作用。政府应当因地制宜地制定推动一二三产业融合的相关政策，引导农业龙头企业、农业产业化联合体、农民专业合作社和更多群众等参与乡村产业融合发展，形成利益共同体、发展共同体、命运共同体。二是要探索一二三产业深度融合新路子。充分挖掘和拓展主导产业，既要有横向拓展，又要有纵向延伸。通过建设产业园区、田园综合体，发展休闲观光农业、农业产业示范区等形式，实现农业智慧化、智慧产业化、跨界融合化、品牌高端化；实现科学种植、生态种植、立体养殖，推进农产品精深加工、健康养生养老、历史传承、农耕体验、文化教育、“互联网 ＋ ”等农村新型二三产业深度融合，发挥现代农业的多维功能，培育农业新业态。三是加强顶层设计，促进一二三产业中各产业终端的有机对

接。大力推动主导产业纵向融合发展，农业生产不仅要对接上游的产业规划，还要对接好下游的有机认证或地理标志认证、品牌建设、冷链物流、乡村旅游、农超对接等，实现多资源的交叉和重组，创造新供给，催生新需求，真正实现“一产强、二产优、三产活”，打造乡村产业兴旺新亮点。

（六）实施现代产业园区建设，助推产业高质量发展

菏泽市成武县九女集镇发展现代农业产业园的创新与探索，具有很强的创新实践性，是经济效益、扶贫效益、生态效益、社会效益与文化效益的有机结合，是破解农业发展新难题的积极尝试，同时，也影响和改变了农民群众固有的生产生活观念，为转变农业发展方式提供了一些经验借鉴与启示。一是科学规划是关键，实现生态与产业发展的双赢。立足当地农业基础优势，精准定位，明确目标，引导传统农业向休闲农业、生态农业、创意农业、智慧农业发展，通过一产连二产接三产，达到“1×2×3＝6”的效益裂变。通过农业产业链条的延伸融合，初步实现农业循环经济，对于减少大气污染、水体污染有治本之效，实现了农业产业化发展与生态环境保护的双赢。二是市场运作是基础，实现扶贫与致富的双赢。在充分尊重农民意愿的前提下，以维护农民权益为核心，实现大规模土地流转，流转土地后的农民失地不失业，贫困户优先到企业打工以保障基本收入，其他群众可通过租赁承包等方式，与公司或合作社签订合同，建立市场化的经济协作关系，催生一批种植和养殖大户，使农民群众得到实惠，实现扶贫与致富的双赢。三是龙头带动是根本，实现公司与农户的双赢。成武县九女集镇从长远考虑，将每一片流转的土地和每一个规划区内的项目，都交给有实力的企业或合作社经营，确保投资可靠、市场可靠、效益可靠，确保流转土地的群众有稳定的收入来源。同时，制定优惠政策，在土地整合、贷款融资和用工等方面向企业或合作社倾斜，引导鼓励发展农业新业态，以良好的经济效益保障公司与农户的双赢。

（七）特色产业托起乡村振兴梦

菏泽市成武县大田集镇自 20 世纪 80 年代初开始规模种植大蒜

以来，大力培植发展大蒜这一特色产业，不断做大做强，一跃成为“山东省特色产业镇”“全省一村一品示范镇”“省级文明镇”“国家级生态乡镇”“中国蒜业十强乡镇”“全国重点镇”“国家卫生乡镇”和“全国一村一品示范镇”，是菏泽市经济发展最快、最好的乡镇之一。近年来，大田集镇党委、政府把实施乡村振兴战略作为新时代“三农”工作的总抓手，以大蒜产业为支撑，走出一条“龙头＋基地＋农户”“产、加、销”一条龙、“科、工、贸”一体化发展的乡村振兴之路，在促进农业强、农村美、农民富方面发挥了重要推动作用，为新时代乡村振兴开创了新模式，树立了新样板。

1. 小蒜头长成大产业　党的十八大以来，大田集镇全面贯彻落实“创新、协调、绿色、开放、共享”的新发展理念，坚持“区域化布局、模式化栽培、科学化管理、社会化生产、市场化经营”的大蒜产业发展之路不动摇，大蒜产业得到迅猛发展。全镇建有恒温库 400 多座，蒜干、蒜粉等加工储藏企业 226 家，规模大蒜加储企业 10 家，市级龙头企业 1 家，省级龙头企业 1 家。

2. 小蒜头有好做法

（1）基地标准化。大田集镇积极探索、创新大蒜的标准化种植，推广无公害农产品生产技术，通过使用生物微肥、生物农药、降解地膜等措施，使大蒜生产达到无公害标准。十分重视新品种的引进、更新和改良换代，选育和引进了苍山白皮蒜、莱芜杂交蒜、脱毒大蒜、太仓白蒜、金蒜系列等 10 余个高产、优质、抗病的优良品种，保持大蒜品种正常更新轮换，大蒜良种覆盖率达 100％，使大蒜品质明显提升，90％以上达到出口大蒜标准。鼓励企业牵头发展大蒜无公害基地，如天鸿果蔬创建了 2.6 万亩无公害大蒜种植基地，尝试建立了 3 000 亩 GAP（良好农业规范）种植基地，收到了较好的效果。

（2）销售多元化。通过市场直销、出口销售、储藏加工和电子商务 4 种方式，使大蒜实现种得好、卖得出、效益稳。在镇驻地沿省道东丰公路两侧规划建设了松散型大蒜蔬菜批发市场，每年蒜薹、大蒜上市期间，全国 20 多个省份的客商前来购销蒜薹、大蒜，年交易大蒜和蒜薹 50 多万吨，成为享誉全国的大蒜蔬菜集散中心。目前，全镇有各类大蒜包装加工企业 162 家，其中 9 家拥有自营进出口权，每年向国内外市场销售大蒜达 30 多万吨，销量是全镇所产大蒜的 3 倍。同时，发展大蒜电子商务企业 50 多个，天鸿果蔬集团成功创建省级电商示范企业。目前，大田集镇大蒜及相关产品除覆盖国内市场外，还销往东南亚和欧美等 20 多个国家和地区，每年经大田集镇市场销售的大蒜及制品 50 多万吨。

（3）产品品牌化。坚持把建设大蒜深加工项目、领军企业作为大蒜产业发展的根本之举。积极推行“品牌战略”，全面打造大蒜这个拳头产品。近年，大田集镇大蒜被山东省农业农村厅命名为“无公害农产品”，被认证为无公害大蒜生产基地；通过了农业农村部质量安全中心的认证，之后又申报了“山东省特色产业镇”“全省一村一品示范镇”“中国蒜业十强乡镇”“全国一村一品示范镇”等称号，成为大田集镇大蒜的“金字招牌”。同时，大力培植龙头企业，打造过硬品牌，陆续建成天鸿果蔬、莲成蒜业、水发国际金桥、荣诚果蔬等 10 家大蒜深加工企业。这些企业坚持引进新工艺，研发新产品，大蒜、蒜米、蒜干、蒜粉、蒜粒、火蒜、黑蒜、黑蒜酒、黑蒜醋等 20 多个大蒜制品供应市场，“御鸿园”“老农坊”“馋溢香”“蒜参”等已成为 4 大知名品牌，产品个个贴商标，箱箱有品牌，大蒜制品成为国内外知名品牌，形成独特的产品新优势，每公斤黑蒜将近 30 元，是一般大蒜价格的 20 多倍。

（4）产城一体化。按照“镇园合一、产城一体”的工作思路，大田集镇聚焦产业支撑，依托大蒜这一特色优势，围绕一二三产业融合发展做文章，以培植大蒜产业、打造大蒜品牌、塑造大蒜文化、发展现代农业、搞好休闲旅游为目标，规划设计了以大蒜精深加工、商贸物流、休闲旅游、文化展示、生态宜居为核心的“成武精致蒜艺小镇”。特色小镇规模 330 公顷，建设用地 135 公顷，建筑面积 152.92 万平方米。按照分期建设的思路，自 2017 年开始，分 5 个年度组织实施，到 2021 年逐步发展成国内外著名的蒜业重镇、生态艺术深度旅游目的地，形成以“精蒜业、艺旅游、乐健康”为主导的特色产业集群，打造智慧型特色小镇。2017 年 7 月入围市级特色小镇后，不断加快建设进度，形象建设取得较好进展，初步形成了“七纵四横”的路网格局；通过清理河道，新建湿地，建设中国电信、移动、联通等通信基站，吸引多个进驻项目，计划总投资过百亿元，目前特色小镇初具雏形。对于增加税收、发展文化旅游、吸纳人才、新增就业岗位作用巨大，意义重大。

3. 小蒜头见证大成效　乡村振兴，产业先行。大田集镇党委、政府始终秉持这一理念不动摇，以大蒜产业为基础，打好“五个振兴”组合拳，有机结合，搞好联动。充分发挥大蒜产业的支撑优势，以产业振兴撬动人才、文化、生态和组织振兴，使“五个振兴”产生共鸣、形成共振、发生蝶变。

（1）产业兴旺，经济效益凸显。随着大蒜产业的发展壮大，产业经济效益十分强大，推动了全镇经济迅猛发展。仅种植大蒜一项，全镇 10 万亩大蒜，年收入在 5 亿元以上。大田集镇成为国内乡镇级最大的大蒜加工基地和鲁西南大蒜主产区的核心，农民80%以上的收入来自大蒜，实现了村村种大蒜，户户发“蒜财”的致富目标。随着大蒜加工储藏企业快速发展，全镇建有各类大蒜企业达 300 多家，以大蒜加工为主的农产品加工规模以上企业 20 家，年经营加工大蒜 50 万吨以上，产值 25 亿元以上，同时给运输、物流、餐饮等第三产业带来 2 亿多元的经济效益，每年带动就业8 000余人，增加收入 2.4 亿多元，真正成为支撑大田集镇经济发展的支柱产业，夯实了乡村振兴的坚实基础。

（2）人才崛起，各类英才辈出。大田集镇党委、政府一直把在大蒜产业发展中培育人才作为放在乡村振兴置顶的高度，坚持培训拉动，本着“送得出、回得来、用得上”的原则，每年定向选送人员到大专院校等培训，选送镇村干部到农业院校学习，并对村干部进行学历培训，85%的村干部获得大、中专文凭；对科技意识强的农民，多渠道、多形式培养。全镇现有各类人才3 695人，中级职称 486 人，初级技术职称1 676人，589 名农民获得新农人、职业农民、助理农技师和农业技术员资格，5 人被命名为市县专业技术拔尖人才，3 人被评为市级“乡村之星”，2 人获得省级“乡村之星”，6 人获得省基层优秀技术人员称号。坚持政策鼓励，出台大蒜蔬菜种植、加工和兴企等方面的优惠政策，加大资金、人才支持力度，引导人才创业。全镇先后为大蒜种植、销售、储藏、加工和养殖等各类人才出台优惠政策 10 多个，培养大蒜种植技术员3 000余人、“田秀才” 10 000余人、大蒜经纪人2 000多人，3 800余人常年从事大蒜等农产品的储藏与加工，成为乡村振兴的主力军。

（3）文化振兴，文明之花绽放。随着大蒜产业的发展，富裕起来的蒜乡人把乡村文明建设作为乡村振兴的一项重要内容，不断加强农村文化建设，村村建有高标准文化大院、文化广场、乡村大舞台、农家书屋等；大力培育农村文艺团体，村村建有各类秧歌队、舞蹈队、庄户剧团等，全镇建有 120 多支秧歌队、舞蹈队和庄户剧团，创作了一批以大蒜产业为题的舞蹈、歌曲、小品、戏曲、快板书等。每年定期举办“蒜王”争霸赛、广场舞健身秧歌大赛、“舞动蒜乡”农民文化艺术节和名优特产品赶大集巡展活动，针对春节、国庆、中秋等一些重要节日和纪念日，开展不同主题的文化庆典活动，举办民间文艺展示活动，切实丰富全镇群众文化生活。积极推进好乡风文明，开展“美丽庭院”“星级文明户”等评选活动；积极培育文明乡风，大力开展殡葬改革，启动公墓建设，使移风易俗走上正轨；开展文明创建活动，2016 年大田集镇荣获“省级文明镇”，2020 年获“国家卫生镇”，3 个村获“省级文明村”，1 个村获“市级文明村”，46 个村被评为“县级文明村”，先后 23 个村获“山东省卫生村”称号。

（4）生态优美，绿色产业形成。大田集镇以生态振兴为主线，坚持走绿色发展之路，不断做大做强绿色大蒜产业。推广大蒜产业投入品减量化、生产清洁化、废弃物资源化、产业模式生态化，形成绿色农业生产方式。引导企业按照“三品一标”的要求进行生产经营。大田集镇大蒜被山东省农业农村厅命名为“无公害农产品”，大蒜生产基地被认证为无公害大蒜生产基地。据统计，大蒜种植投入品同比减少 12.5％；大蒜加工生产环境清洁、无异味；充分开发利用大蒜加工废弃物，实现综合利用率达100%，大蒜产业模式走上生态化、绿色的健康发展之路。依托产业园和大蒜产业特色、生态特点和文化特征，努力打造以大蒜精深加工、商贸物流、休闲旅游、文化展示、生态宜居为五大核心的“精致蒜艺小镇”，实现大蒜产业与城镇的有机融合，使大田集镇成为国内最大的乡镇级大蒜产业基地、休闲旅游观光胜地。继2010年获得“山东省环境优美乡镇”称号之后，2012年又获得“国家级生态镇”的称号。

（5）组织强大，经营主体陡增。大田集镇把组织振兴作为筑牢乡村振兴的基石，以党组织为核心，不断发展壮大社会经济组织和经营主体。由各党组织牵头，围绕大蒜这一主导产业发展，积极引进、大力发展农产品加工企业，由党员领办，群众参与，不断发展壮大家庭农场、合作社等新型经营主体，全镇家庭农场、合作社等新型经营主体数量大幅增加。目前，全镇由党组织或党员牵头举办的大蒜加工企业达226家，家庭农场24家，创办各类大蒜加工合作经济组织114家，全镇90%的群众成为社员。小郭庄村党支部书记领办的蒜闻天下家庭农场被评为“2019年度省级示范社”。

4. 小蒜头带来大启示 一颗小蒜头，经过不断膨胀发展，成为支撑乡村振兴的坚硬基石，托起了8万多蒜乡人“产业兴旺、生态宜居、乡风文明、治理有效、生活富裕”乡村振兴的大梦想，给我们带来更深的思考、无限的启迪。

（1）坚持产业支撑不动摇。乡村振兴必须坚持做好农业产业化这篇大文章，使现代农业发展势头更强劲，不断培育农业农村发展的新优势。一直以来，大田集镇盯紧大蒜这一特色产业，不断引进优良品种，使大蒜良种覆盖率达100%。采取“龙头企业＋基地＋农户”模式，建立有机大蒜标准化生产基地、富硒大蒜种植基地，示范带动高品质大蒜的快速发展。围绕大蒜等主导产业，着力打造精致蒜艺小镇、特色小镇，发展壮大大蒜加工储藏企业，培育龙头企业，强化特色品牌，在注册“御鸿园”“老农坊”“馋溢香”“蒜参”四大商标的基础上，完成无公害、有机食品和绿色食品证书的申报，成为省内甚至国内的驰名商标、国内知名品牌。

（2）坚持农民主体地位不动摇。农民是乡村振兴具体工作的主要建设者和最重要的利益相关者，要满足他们的需要，更要激发他们的积极性，让他们参与进来。在发展大蒜产业进程中，大田集镇坚持一切以农民增收为核心，在种植上通过订单种植、配方施肥、标准化种植等，使亩均效益稳定在5 000元以上，农民80%以上的经济收入来自大蒜，实现了村村种大蒜，户户发“蒜财”。利用镇内大蒜市场和加工储藏企业多的优势，鼓励农村能人带头搞营销，每年吸收固定农民工5 000余人，季节性短工10 000余人；每年5—8月份大蒜、蒜薹上市期间，镇内有3 000多人设点收购大蒜，8 000余人从事贩运、装卸、包装和运输大蒜及蒜制品等工作，每人每天收入在200元以上；还有1 000多人活跃在田间地头，走村访户收购大蒜，每天每辆收购车纯收入都在1 000元以上，一个季度下来就是9万多元。

（3）坚持模式创新不动摇。模式创新才能彰显地方特色，形成可复制的经验，才能助推产业持久发展，才能产生乡村振兴的巨大效力。大田集镇一直不断探索创新，坚持“龙头企业+合作社+基地+农户”产业融合发展的模式不动摇，让天鸿果蔬、莲成蒜业、水发国际金桥等农业龙头企业与合作经济组织牵手，打造大蒜标准化种植基地，以基地联结农户，实现“产加销”一条龙发展，既延长了大蒜产业链条，又带动了企业与农民合作增收，实现互惠共赢。如天鸿果蔬主动与许花园等23个村签订合同，建设无公害大蒜生产基地26 000余亩，大蒜收购价格每千克高于市场价0.2～0.3元。

（4）坚持融合发展不动摇。产业发展只有走上融合发展之路，才能实现一二三产业融合，才能在乡村振兴中发挥作用，产生效应。在发展大蒜产业的基础上，大力推进产城融合，采用“产业带动、项目支撑”“借梯上楼、借力发展”的方式建设乡村、发展大蒜产业，带动城镇面貌日新月异，在山东省建设了第一批“农民城”，城镇建成区被授予“省级中心镇”“山东省百镇建设示范行动示范镇”“山东省旅游强乡镇”和“全国重点镇”；2019年，又被菏泽市委、市政府命名为“两新”融合试点镇。

一业兴，乡村兴。随着大蒜产业的发展，大田集镇农村经济遍地开花，乡村振兴的大幕正徐徐拉开。在推进乡村振兴的道路上，大田集镇党委、政府将不断把大蒜这一产业做大做强，打造辐射全国的大蒜蔬菜集散中心和国内最大的乡镇级大蒜产业聚集区，真正让小蒜头托起8万蒜乡人民的乡村振兴梦想。

总之，推进乡村产业兴旺是乡村振兴的重要一环，对于促进乡村振兴意义重大。必须以创新的思路、创新的举措推进乡村产业兴旺，补短板，促振兴，为实现农村美、农民富、农业强，推进乡村产业振兴、人才振兴、文化振兴、生态振兴、组织振兴探索新途径、新模式、新路子。

第四节　新型农村社区建设，助推乡村振兴

菏泽立足自身实际，发挥平原大市、农业大市、牡丹之都优势，聚焦“231”主导产业，独辟蹊径踏上新赛道，走差异化、特色化发展之路，努力实现后来居上。

一、基本特征

1. 以人民至上为宗旨　要明确新型农村社区建设和“增减挂”“合村并居”等工作有着很大的区别。“增减挂”“合村并居”的立意是为解决城市建设用地指标紧缺以及利用剩余指标到省级平台交易，以及部分解决财政问题。从推行的效果来看，对城镇化发展和增加财政收入这两项工作都有着非常积极的一面。但是随着这项工作的深入进行，随着农村农业的形势发展，随着广大农民群众诉求的多元化，“增减挂”在农民群众中相对产生了一些负面影响，尤其在农民群众中存在一些不利于工作开展的认知误区。有群众认为“政府为了利益拿我们的宅基地，我们不但得不到好处，反而利益受到损害”。部分农民群众对“增减挂”越来越反感，不由自主地

产生了一些抵触情绪。从这一点看，很大程度上加大了此项工作的推进难度。为了有利于新型农村社区全面健康发展，从现在开始要把此项工作和传统的“增减挂”区别开来。此项工作不再是为了解决城市建设用地指标紧缺问题和增加财政收入，而是在广大农村建成最新的居住环境，让农村人享受就业、医疗、教育等优质保障，实现“家门口就业”的梦想。要把维护群众利益，让群众共享改革成果，提高群众获得感、幸福感的目的，向广大农民群众讲清楚、讲透彻，从而提高广大农民群众的参与意识。

2. 以理念创新为遵循 要从本质上搞清新型农村社区建设“新”在何处、有什么样的“新”。要在五个方面体现出“新”意。一是观念新。新观念决定新思路，新思路决定新发展。菏泽市委主要领导在全国两会上关于“支持菏泽市创建乡村振兴齐鲁样板国家综合试验区”的建议不仅体现了先进的创新性理念、战略性思维，而且对于菏泽新型社区建设意义重大。实施两新融合即新型农村社区建设与小城镇建设融合发展具有较强的针对性和实效性。二是环境新。村容村貌整齐划一，有别于传统自然居住的脏、乱、差的生活环境。三是服务新。基础设施配套完善，服务机构齐全，教育、医疗、养老都有可靠保障，群众能享受到更加优越的现代生活服务。四是产业新。在新型社区建设的同时，积极发展新兴技术产业，以产业为支撑实现农民报酬手段的根本性变化，从一产转移到一二三产业融合发展上来。即使仍然从事单一农业生产的人员，也从原来的土地分散经营、小农经济经营模式转化到集约化经营优质、高产、高效的现代化种植模式上来，有效保证提升群众的收入，并能保证群众有能力支付生活成本。五是治理新。居住地的重组、构建一二三产业融合发展新格局，一定程度上改变了原来形成的生产关系，生产关系的变化就要求治理组织随之发生变化，原来的基层党组织及村民委员会自治组织，势必随着人员居住的重组和群众择业的多元化，使原有功能发生变化。为此，需要建立有别于原来定义的基层治理组织，适应新型社区治理需要。建设新型农村社区其目的就是让群众过上全新的幸福生活，与群众的根本利益达成一致，与群众对美好生活的期盼一致。

3. 以乡村振兴为目标　“五个振兴”是乡村振兴的重要指标。进入新时代，促进乡村振兴，实现农业强、农村美、农民富是各级党委、政府的重要职责和为政之要。抓农村社区建设就抓住了乡村振兴的牛鼻子，抓住了乡村振兴的关键，有利于从根本上解决“三农”发展和乡村振兴问题。对地处鲁西南平原地区的菏泽来说更是如此。必须以新型农村社区建设为抓手，按照“八个更加”要求做好结合文章。更加注重维护群众利益，更加注重顺应群众意愿，更加注重顺应发展规律，更加注重群众首创精神，更加注重因地制宜、精准施策，更加注重规划引领，更加注重统筹协调，更加注重政府引导、市场主导。持续推进新型工业化、信息化、城市化、农业现代化协调发展，满足人民群众对美好生活的新期盼。

二、现实探索

1. 现实情况　菏泽市对新型农村社区建设工作进行了有益的探索和尝试，2004 年国土资源部门提出“农村土地整理”实行增减挂钩，在此意义上演变成“合村并点”“合村并居”等，后来又把这项工作作为“乡村建设”“新农村建设”的重要内容全面推进。因地制宜、循序渐进建设新型农村社区无疑是正确的选择。但新型农村社区建设在承认差异性的同时，也应该遵循一些共性的原则和路径。总的来说，新型农村社区建设有利于优化公共资源配置，提高农村基础设施和公共服务水平，实现居住社区化、服务社会化，是乡村振兴、美丽宜居乡村建设和城乡一体化的必经之路。

2. 社会调查　2020 年 6 月 15—22 日，受菏泽市委、市政府委托，对菏泽市新型农村社区建设情况开展了社会调查，抽调 321 名政治素质高、组织协调能力强的师生，组成 81 个调查组，本着客观、真实的原则，采取入户走访的调查方式，对菏泽市 11 县区已建成的 208 个农村社区全部开展问卷调查，对未实施的村按照 1%

的户数比例进行取样，共发放调查问卷23 700份，收回有效问卷23 099份。问卷主要围绕农民最关心的问题设计，分为“已完成”“未实施”两大类，综合考虑家庭、年龄及收入结构等因素，分别设置了 14 个和 18 个问题，主要涉及农民是否支持、喜欢什么样的户型、希望配套哪些公共设施、土地是否愿意流转托管、入住社区后的就业意愿等农民关心的焦点问题，力求真正摸清农民最真实意愿和想法，对前期新型农村社区建设情况进行总结分析，为下一步推进新型农村社区建设提供参考。

3. 探索成效

（1）调查分析。从调查情况来看，已经建成的 208 个农村社区中，民众对新型农村社区的满意度为 93.22%（图 2）。

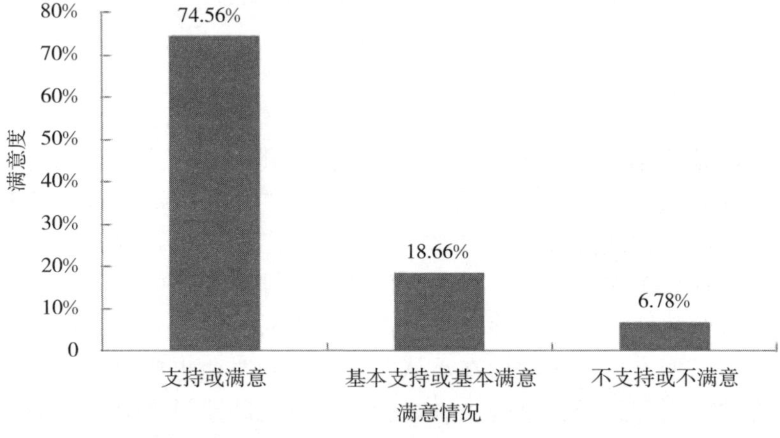

图 2 菏泽市民众对已实施新型社区建设的满意情况

从未实施新型社区建设的村庄来看，有 62.7%的民众支持建设农村社区，20.9%的民众基本支持（图 3）。有 57.6%的民众了解过这方面的政策，有 75.8%的民众希望统一规划、统一建设。

已经入住社区的民众，对搬入楼房满意的占 95%，不满意的占 5%（图 4）。这说明，已建成的农村社区，各项工作公开透明，整体使农民满意。

已经入住社区的民众自己种地的仅占 5%，未实施新型社区建

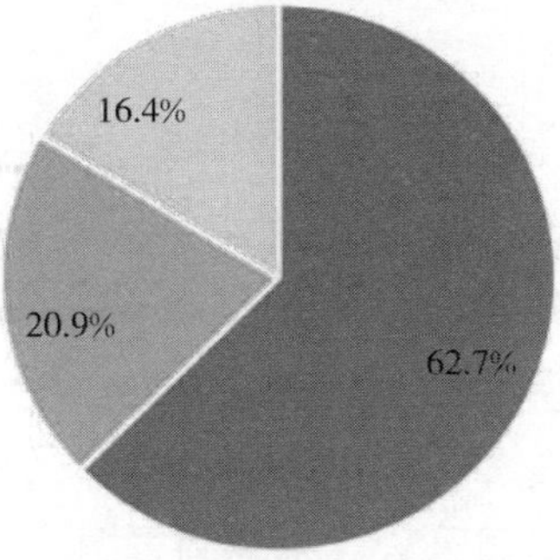

图 3　民众对新型农村社区建设的支持度

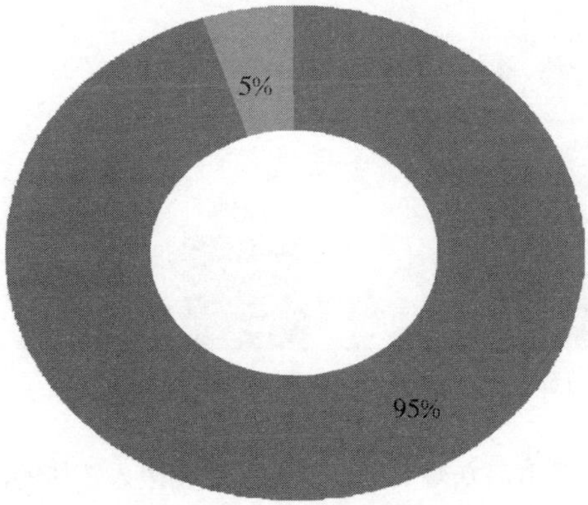

图 4　民众对搬入楼房的满意程度

设的村庄有 33.5%的民众想搬到乡镇居住。有 90%以上的民众土地通过托管、出租、入股等方式实现了流转，土地流转收入加上务工收入，整体收入不降反增。

从调查的 208 个建成社区看，民众因生活安全舒心和环境好接受搬入新村的达 81%，因子女入学入托近搬入新村的达 11.49%（图 5）。有 94.48%的民众对实施新型社区建设搬入新村表示满意。（图 6）。这说明，新社区的生活条件与原来相比发生了翻天覆地的变化，这也是农村社区赢得民众支持的重要原因。

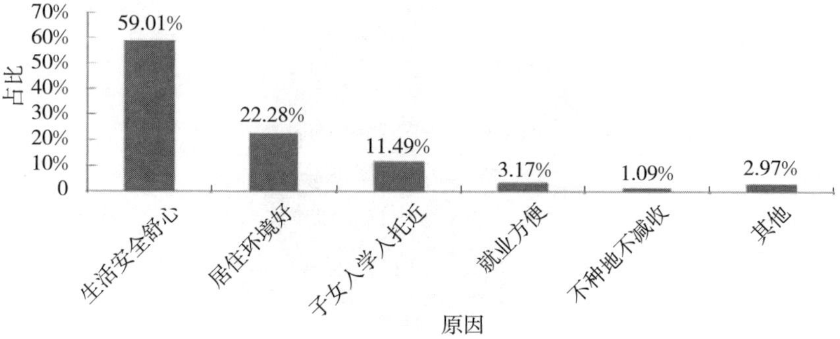

图 5 菏泽市民众对实施新型社区建设搬入新村的主要原因

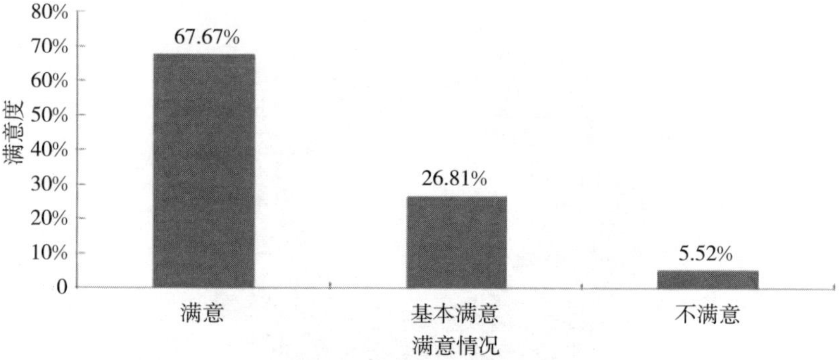

图 6 菏泽市民众对实施新型社区建设搬入新村的满意情况

（2）实践成效。按照中央和山东省委要求，菏泽市因地制宜、循序渐进，推进新型农村社区建设，探索出一条欠发达地区实施乡村振兴战略的可行路径。新型农村社区建设的突出特点：可以加快补齐农村发展最大的短板，又可以减少重复投资，提升整体效益；有利于从根本上破除传统城乡二元结构、加快农业现代化进程；有利于推动城乡一体化发展；有利于大规模良田种植；有利于有效扩大农村投资；有利于完善农村基础设施配套；有利于高效集约利用土地。新型农村社区建设既解决了空壳村土地资源闲置浪费及乱搭乱建的问题，又能解决土地规模化种植问题，同时有利于乡镇利用节余土地指标建设产业园区，发展产业化经济。

4. 典型案例　近些年来，菏泽市按照《国务院关于深入推进新型城镇化建设的若干意见》，单县、郓城、曹县、东明、鄄城等县区经过探索实践形成了不同特点，积累了比较好的经验。

郓城县随官屯镇积极推进村庄科学规划，优化产业发展布局，为乡村振兴奠定坚实基础。多措并举加快新农村建设，采取土地增减挂钩、争取上级有关政策和资金支持、吸收社会资金参与、村民自筹等多种方式，积极推进新型农村社区建设。随官屯镇最多的 7 个村庄拆迁合并为 1 个社区，节约了大量土地，提高了土地资源效益。目前该镇 26 个行政村通过整合，已初步建成了文昌苑社区、汉石桥社区、大尹庄社区、泰和家园、卧龙湖小区、随西新村社区、侣楼王庄社区、王官屯社区、聚福家园小区、于官屯新村等，这些社区、新村的服务设施配套齐全，建有学校、村卫生室、文化广场、文化书屋、新时代文明实践站等，新型社区美丽宜居、街道干净整洁、树木花草成荫，提升了农村群众幸福感、安全感。

单县高韦庄镇马寨村是山东省第一批美丽村居建设试点。单县扎实推进马寨村美丽村居建设，着力提升村庄建设品位、内涵，努力探索美丽村居建设新路子、新模式。加快美丽村居建设是深入实施乡村振兴战略的重要途径，紧紧围绕改善群众住房条件，提升农村人居环境，积极推进美丽村居建设，统筹做好村庄规划建设、产业发展、基础设施配套等工作。创建单县高韦庄镇农业产业融合发展示范园区，坚持产业发展和新型城镇化融合发展同步规划、同步设计、同步推进的思路，目标就是率先打造在全省叫得响、在全国可复制的乡村振兴齐鲁样板。具体路径可以概括为“五个同步”，即新型农村社区建设与农村产业深度融合同步推进；农民生活方式与生产方式同步改变；村民居住条件与收入水平同步提升，农民既得租金，又得薪金，既可就业，又可创业；农村基层组织建设与农村人才培养同步加速；村民社区环境与农村田园生态同步改善。从而全面实现“产业振兴、组织振兴、人才振兴、生态振兴、文化振兴”乡村振兴总要求。

第五节 美丽宜居乡村建设发展路径研究

建设美丽宜居乡村是促进城乡协调发展、构建社会主义和谐社会的重要战略举措。推进新农村建设是一场深刻的农村革命，必须突出重点，把握难点，研究发展对策，寻求破解措施。

一、美丽宜居乡村建设的重点

1. 以农民增收为目标，发展高效新农业 发展农业新业态、新模式、新技术是保障农民持续增收、夯实农村经济基础的重要途径。我国地大物博，不同地区应从本地实际出发，坚持差异竞争、效益优先原则，发挥比较优势，有效整合内外资源，促进生产要素合理流动，推进上下游产业有效衔接。按照政府引导、多元投入、市场需求、企业运作、农民参与的原则，积极推进农业产业化经营，实施标准化生产，壮大地方特色产业，大力发展无公害农产品、绿色农产品、有机农产品和地理标志认证产品。要跳出农业看农业，加速农业结构调整、转变发展方式、增长方式，走以工促农、以贸兴农、一二三产业融合的发展之路，推进城乡产业链的配套延伸。探索创新农业发展新模式、新业态、新技术，推进农业产业转型升级，面向国内、国外两个市场，形成产业对接紧密、链条完整、内外联动的现代农业发展新格局，加强与国际社会接轨，构建具有核心竞争力的现代化、国际化大农业。

2. 以彰显文明为主题，树立健康新风尚 乡风文明是新农村建设的重要标志，是乡村文明建设的重要成果。树立农村新风尚既是乡村建设的重要内容，也是乡村建设的实践成果。要加强文化实践平台建设，以新时代文明实践站为依托，大力发展农村文化事业，加强农村思想道德建设，繁荣发展健康、文明、向上的文化，积极推进农村基层民主建设，聚力打造形成既有时代气息，又有开放特色的良好民风。采取多种方式和途径，开展科技、文化、教育、法律“四下乡”活动，丰富乡村文化内容，激活乡村文化活力，形成浓厚乡村文化氛围。以学科技、塑新风、比致富、美环境、兴产业、促发展为主题，引导农民群众树立生态文明理念，推进社会公德、家庭美德、美丽庭院、乡村振兴建设，进一步加强农村基层组织建设，构建乡村治理新模式，营造管理民主、安定有序、和谐发展的浓厚氛围。

3. 以科教兴农为依托，培育现代高素质农民 培育现代高素质农民是扎实推进美丽乡村建设的重要保障，是推进乡村振兴的重要基础。农民是美丽乡村建设的主体，建设“生产发展、生活宽裕、乡风文明、村容整洁、管理民主”的社会主义新农村，必须培育千千万万高素质农民，这既是加快乡村建设的坚强基石，也是推进乡村振兴的中流砥柱。培育高素质农民，应着力于树立现代意识、提高职业技能、掌握农业现代科学技术。采取教育技术培训、激励创新创业、典型示范带动等多种举措，引导农民转变观念、开阔思路、提升境界。由体力型、重复劳动型农民向技能型、专业型、知识型农民转变。深入实施科教兴农战略，深化产教融合，发展智慧农业、数字乡村，推进农业信息化建设，支持创办农业科技示范园、产业示范园区、农业综合试验区、乡村休闲观光农业、农业田园综合体。统筹基础教育、职业教育、成人教育、高等教育协调发展，构建教育互通“立交桥”，加强美丽宜居乡村建设的现代教育网络，推进乡村网络信息化建设。加强科技培训工作，充分利用“三农”政策、乡村振兴政策，培养一批致富带头人、科技明白人、流通经纪人，着力造就经营创业型、技术推广型、种养加大户型、能工巧匠型、返乡创业型人才。

4. 以促进和谐为宗旨，塑造宜居新环境 构建和谐农村是建设和谐社会的内在要求，建设美丽宜居乡村、塑造宜居新环境是促进城乡协调发展、提高农民生活质量的现实需要，是解决城乡发展不平衡、不协调问题的有效举措。塑造宜居新环境是乡村生态文明建设的重要内容，是推动乡村生态振兴的实际行动。既要着眼于促进经济社会发展、为广大农民群众提供良好的生活环境条件，又要有利于树立良好形象、扩大对外开放，展示乡村新面貌。按照规划先行、先规划后建设原则，坚持高起点规划绿色发展、生态农业，稳步推进村镇环境的提升和优化。大力发展循环经济，促进无公害农产品、绿色农产品、有机农产品生产；推进植树造林，改善生态环境，构筑绿色生态产业走廊。

二、美丽宜居乡村建设的难点

1. 农民总体文化程度低，平均受教育年限较短，整体素质不高 这既影响美丽宜居乡村建设的进程，也制约着农村劳动力向非农产业转移，是美丽宜居乡村建设的障碍。2009 年中国科学技术协会开展的公众科学素养调查显示，农村具备科学素质的人口比例仅为城市人口的 16.67%，全国城市人口中具备基本科学素养的人口比例为 4.2%。从教育情况来看，农村劳动力平均受教育年限较短，整体素质不高。培养一大批高素质农民，既是新时期的一项基础性工作，也是一项长期而艰巨的历史性任务。

2. 农村教育发展滞后，难以适应农村乡村振兴和农村城市化要求 我国是农业大国，把农村巨大的人口压力变为人力资源优势，迫切需要加强农村教育。区域经济发展的不平衡，导致了基础教育发展的不平衡，经济发达地区基础教育条件和办学质量要明显优于欠发达地区。一是农村中小学在教学条件、教育质量、教学水平、师资力量等方面与城镇相比还存在很大差距，农村基础教育相对薄弱的问题依然突出。二是农村教育资源不足，一些地方教育资源短缺。三是农村中小学教师待遇有待提高。农村青年初、高中毕业后难以适应农村经济活动，发展农村二三产业困难较大；农村继续教育和社区教育落后，阻碍推进农村工业化、城市化和现代化的进程。

3. 农村基础设施薄弱，公共服务严重不足 从农村现状来看，农村生产基础设施和物质技术装备条件落后，农村公共事业用品供给不足、质量不高，经营管理也较粗放。建制村修了沥青路和水泥路，四级公路和等外公路占农村公路一定比例；全国农村自来水的普及率有待提高；农村医疗卫生条件差等问题突出。主要表现在医疗设备落后、医疗技术力量薄弱、环境差等多方面。

4. 社会保障事业发展滞后　由于医疗市场的变化，新型农村医疗合作保险处于低水平、广覆盖的阶段，无法完全满足农民的医疗需求。由于城乡医疗资源差距巨大，农民在患大病时往往去往城市的医院就医，而城市医院的医药费往往让农民家庭不堪重负。

5. 农村的乡土性、传统性决定了其缺乏社会发展的现代性　这与农民生活的社会环境密切相关。农村社会最大的特性在于其乡土性。农民与外界交流很少，被土地束缚在农村相对封闭的地域空间，对农民的价值观、思维方式、行为模式会产生非常大的影响。英格尔斯认为，在传统社会环境中生活的人们倾向具有下列素质：被动接受命运，缺乏效能感；害怕革新，不相信新事物；只关怀个人的特别是家庭的事务，对社会的事务很冷漠，等等。这些因素往往把他们限制在一定生活情景中。

6. 农村产业化水平不高，农民组织化程度低　与发达国家相比，我国农业的产业化水平不够高，农业产业链条短，农产品增值转化率比较低，初级产品多，高附加值的加工品少。发达国家农产品加工率大多都在80%以上，我国只有40%左右；发达国家农产品加工产值与农业产值的比重大多在2.0∶1至3.7∶1，而我国只有约0.4∶1；发达国家的加工食品约占饮食消费总值的90%，我国为25%左右。同时，在农业产业化进程中，农业龙头企业与农民的利益联结机制和利益关系还不够紧密。

三、加快美丽宜居乡村建设的措施

1. 贯彻落实乡村振兴促进法，建立权益保障机制　《中华人民共和国乡村振兴促进法》（以下简称《乡村振兴促进法》）自2021年6月1日起施行。以《乡村振兴促进法》作保障，积极稳妥地推进美丽宜居乡村建设，确保政策的稳定性、连续性、发展性。以《乡村振兴促进法》为根本遵循，明确政府对农业的投资占本级财政收入的比例，明确失地农民的补偿、转移就业等权益保障机制。

建立协调统一的财政支农机制，保证美丽宜居乡村建设的资金投入稳定增长。使国民收入分配和资源配置向农村倾斜，主要向农村基础设施建设、生态建设、农村公共产品供给、农村社会服务体系建设等方面倾斜。

2. 加快农民的现代性成长 农民现代性成长既是美丽宜居乡村建设的核心维度，也是美丽宜居乡村建设的“软件”工程。社会流动与城市体验是农民现代性成长的重要途径和实践路径。流动既可以扩大农民的生活空间，增加对社会变迁的适应性和谋生的能力，建立超越地缘和血缘的各种新型关系，还有助于农民脱离土地的束缚，降低行为保守性和心理封闭性，进一步开阔眼界、提升境界、加速农民现代性成长，构建新的发展格局。研究表明，农民居住在城市，在城市从事非农产业，对农民现代性的成长起着决定性的影响。伦纳和施拉姆在《发展中国家的传播媒介及其变革》一书中，认为媒介接触程度是形成现代化的主要影响因素。美国社会学家丹尼尔·勒纳认为，大众传播有利于打破传统观念的束缚，是国家发展中的“奇妙的放大器”，加速现代化进程。因此，加快农村互联网络建设、电商平台、数字乡村建设意义重大。

3. 加强农民科技教育，提高农民科技文化素质 加强对农民的科技培训，培养出千千万万有文化、懂技术、会经营的新型农民，是促进农民增收，加快美丽宜居乡村建设的有效措施，是农村全面发展进步最本质、最核心的内容，也是解决“三农”问题最迫切的要求和关键所在。农村教育综合改革一项重要内容就是使农村劳动力的职前教育与职后教育相结合，农村义务教育与职业教育相结合，让农民在吸收知识的基础上，通过职业教育高层次化，提高劳动力的创新创业能力。根据本地区经济社会发展需要，积极发展农村高中教育、中等职业教育、高等职业教育、高等教育，高职教育要注重面向农村招生，逐步扩大招生计划，培养更多适应时代发展的复合型、应用型、技能型人才。

4. 大力发展农民转岗培训，加快农村劳动力有序转移 我国农村教育面临的最大课题就是如何将巨大的农村富余劳动力压力转变成人力资源优势。因此，有计划、有重点、分步骤开展农村人力转岗培训，开发相关应用性课程，研究制定科学的教学内容，采用科学的教学方法，强化转岗培训，开展绿色证书教育，培养高水平人才，突出培训成效，有很强的针对性、现实性、实用性。

5. 加强农村基本医疗建设，提高医疗卫生服务水平　加强农村公共卫生和基本医疗建设是保护农村生产力、建设美丽宜居乡村的重要保障手段，是强化民生建设的重要措施。一是要强化镇卫生院、村卫生室的社区卫生服务功能。制订发展规划，对农村初级卫生保健逐步进行达标验收，满足群众就近就医需求。二是积极普及新型农村合作医疗。让群众公平享受医疗服务，强化医疗质量管理和药品价格监管，规范医疗卫生服务秩序，切实减轻农民就医负担，解决农民看病难、看病贵的问题，确保农村卫生机构有效运行，保障人民群众的健康安全。三是加强疾病预防控制和医疗救治服务。提高处理农村重大疫情和突发公共卫生事件的能力，重点控制严重危害农民身体健康的传染病、地方病、寄生虫病和人畜共患病等重大疾病。四是加强卫生人才队伍建设。采取特殊的资助政策，通过定向招生、定向就业等方式，加强对面向农村的卫生技术人才的培养。制订优惠政策，提高基层卫生技术人员待遇，稳定乡镇卫生人才，鼓励卫生技术人员到乡镇卫生院工作。

6. 建立健全农村保障制度，提高农村社会保障水平　从注重城镇社会保障体系建设转变到协调推进城乡社会保障体系建设上来。从人口多、底子薄的基本情况出发，首先解决城镇的社会保障体系建设问题，这无疑是正确的。在基本完成城镇社会保障体系建设以后，必须按照统筹城乡发展的要求，将农村社会保障体系建设提上日程，统筹城乡社会保障体系建设，解决农村人口社会保障问题。建立覆盖农村的社会保障体系，是情系民生的大事，是广大群众的根本利益所在，是推进城乡协调发展的有效措施。在具体操作上，坚持“总体长远设计、分项逐步实施、突出重点难点、建立制度体系”的原则，全面谋划社会保障体系建设的总体思路和发展目标。可根据城市主城区、城乡接合部（含小城镇）和农村的不同情况，建立与生产力发展水平相适应的，且个人、集体和国家能力可承受的保障制度，让改革发展的成果惠及广大人民群众。

7. 健全农业科技推广体系，带动农民实施科技兴农战略 农业科技推广是农业科技成果转化为现实生产力的桥梁和纽带。因此，要理顺体制，稳定队伍，明确任务，创新理念，改进方法，提高服务能力。农业结构调整要由一般口号向指导服务型转变，由行政计划型向市场引导型转变，由主抓单一的种植业向农村二三产业转变，由主抓数量向数量、质量并重转变，由就农业抓农业、就农村抓农村向推进农村工业化、现代化转变。振兴农业的根本在于科技，为适应新形势，政府要创办科技示范园、产业示范园，做给农民看，带着农民干，建设美好家园。

美丽宜居乡村建设无疑是一场具有现代化取向的社会变革。加快美丽宜居乡村建设，必须靠政策、靠投入、靠科技、靠改革，靠充分调动广大农民的生产积极性。广大农民群众是推动生产力发展最活跃、最积极的因素，必须充分发挥广大农民群众的主体作用，这事关美丽宜居乡村建设的成败。因此，建设好美丽宜居乡村，既要各级党委、政府高度重视，同时要继续充分调动广大农民的积极性、主动性和创造性，从根本上转变农民传统的生产方式、生活方式、交往方式和价值观念，引导他们积极投身到乡村振兴的伟大实践中去，用自己的双手创造美好家园。

第六节　菏泽市乡村“五个振兴”实践探索

菏泽市坚持把“三农”工作作为重中之重，认真落实党对农村提出的各项方针政策，加大强农惠农富农力度，在推动农业农村发展方面取得了显著成绩。粮食生产实现 10 多年连增；农村土地确权登记颁证工作顺利完成，农村集体产权制度改革扎实推进；农民收入水平不断提高，城乡居民收入差距逐步缩小；农村公共服务设施逐步改善，美丽乡村建设扎实推进。脱贫攻坚取得全面胜利。但是，当前发展不平衡不充分的问题依然在乡村较为突出，主要表现在：农业基础仍然薄弱，产业化水平较低，农村基础设施和社会事业发展水平仍需提高；乡村治理水平亟待提高，农村基层党建还存在薄弱环节，农村干部队伍老化现象还比较严重等。

当前，“三农”工作形势正发生深刻变化，农产品供求关系已由总量不足转变为结构性供过于求和供给不足并存，农业发展正在由增产导向转变为提质导向，城乡关系正在由二元结构分治转变为一体化发展。要积极适应新时代农业农村形势的新变化，加强党对“三农”工作的领导，认真落实新发展理念和高质量发展要求，奋力谱写新时代乡村振兴新篇章。

一、突出抓住产业兴旺，努力推动农业高质量发展

产业兴旺是乡村振兴的基础，也是推动农业高质量发展的必然要求。要坚持以深化农业供给侧结构性改革为主线，大力调整优化农业结构，推动农业由总量扩张向质量提升转变，由增产向增收转变。重点做好“稳、转、特、融”。稳，就是巩固提升粮食产能，继续为确保国家粮食安全作贡献。要落实藏粮于地、藏粮于技战略，严守耕地红线，实施耕地质量提升计划，抓好农村土地综合整治和高标准农田建设，加强建设粮食高产创建平台，提升粮食生产能力。统筹调整粮经饲种植结构，适当压减一些作物的种植面积，不断扩大优质粮食供给。转，就是加快推动农业转型升级，不断提高农业综合效益和竞争力。发展现代农业，既要“吨粮田”也要“万元田”，这是农业发展必须坚持的大原则。要落实“给农业插上科技的翅膀”的要求，实施农业科技创新工程。重点在完善农技推广体系、推广良种良法配套、提升农机装备水平等方面取得突破。利用“互联网＋”、大数据技术、物联网技术，大力发展智慧农业大棚，大力发展高效设施农业。综合运用物联网、大数据等现代信息技术改造提升传统农业，实现农业科技进步贡献率不断提升。特，就是加快培育优势特色农业、优质特色产业，聚焦打造高质

量、好口碑、品牌化的农业“金字招牌”。坚持走农业绿色化、特色化、品牌化发展之路，立足本地资源优势，进一步扩大牡丹、芦笋、山药、大蒜、食用菌、中药材等特色农业规模，实施规模化种植、品种化改良提升，促进农产品提质增效，促进农业高质量发展。实施农产品加工业提升行动，加快推进生产、加工、流通和销售全程标准化。持续推进专业村建设、特色产业发展，与农村电商有机结合，推动农产品上行。加大牡丹籽油、陈集山药、单县罗汉参等国家地理标志产品的策划包装、宣传推介力度，提高菏泽优质农产品的知名度。加快建设“食安菏泽”，深入开展农产品质量和品牌提升行动，着力提高基层监管能力，创建食品安全城市。融，就是通过完善利益联结机制，推进农村一二三产业融合发展。大力发展农业“新六产”，扶持发展农业新型经营主体，加快为农服务中心建设，打造一批农业产业化联合体，创建一批农村产业融合发展示范园区。积极推进农业、林业、渔业、旅游、文化、康养等产业深度融合，进一步发展乡村旅游事业，促进乡村旅游提档升级。挖掘历史文化资源，力争每个乡镇都建设一个设施完备、功能多样的乡村旅游示范点。大力发展农村电商，加快培育电商企业、电商村镇、电商园区，实现菏泽市淘宝村、淘宝镇新突破。

二、突出抓住生态宜居，努力推动绿色发展

打造生态宜居的美丽乡村，是“绿水青山就是金山银山”的绿色发展理念在乡村振兴中的具体体现。近年来，农村生产生活环境有了较大改善，但过量使用化肥农药、焚烧秸秆等现象依然存在，环境脏乱差问题不同程度存在。必须坚持以绿色发展理念引领乡村振兴，保护好乡村生态环境和田园风光，让生态宜居的良好环境成为乡村振兴的重要支撑。

（1）深入实施农村环境综合整治。大力实施农业绿色发展行动，严格控制农村面源污染，推动投入品减量化、生产清洁化、废弃物资源化、产业模式生态化，稳步推进农民生活居住环境综合整治。明确主攻方向，突出整治重点。围绕农村生活垃圾、污水治

理、村容村貌提升，深入开展农村人居环境整治行动，巩固提升城乡环卫一体化工作成效，在农民生活居住环境综合整治上取得新成果。近年来，农村环境卫生工作有了很大进步，但仍不稳固、不平衡，一些村庄依然存在脏乱差现象，各级要从保洁工作抓起，持续巩固城乡环卫一体化取得的成果。加强农村环境监管能力建设，严禁工业和城镇污染向农村转移。以创建国家森林城市为契机，开展大规模植树增绿活动，建设一批森林乡镇、森林村庄。春节期间，外出务工人员返乡与家人团聚，各级尤其是各乡镇要组织干部群众广泛开展针对环境卫生的大扫除活动，让他们看到家乡环境发生的可喜变化，让大家过一个干净整洁的新春佳节，吸引在外务工人员返乡创业。

（2）加快改善农村基础设施条件。城乡差距大，最直观的表现是基础设施差距大。各级有关部门要通盘考虑加强农村基础设施建设，重点在“建、管、护”上下功夫。“建”要保进度、重质量，倒排工期、挂图作战，努力打造精品工程。“管”要强服务、上水平，加强人员、制度、经费保障，确保已建成的设施正常运转、发挥效能。“护”要建机制、成常态，加快建立村民自管、政府补助、市场运作的维护机制。尤其要大力推进“厕所革命”，加快实现农村无害化卫生厕所全覆盖。要持续加大改路工作力度。各级要加大投入、集中攻坚，实现自然村公路“村村通”、行政村“村村通客车”，具备条件的村可启动实施“户户通”。

（3）全面提升农村公共服务能力。按照老有所养、老有所医、老有所为、老有所学、老有所乐的要求，全面提升农村公共服务能力。提升乡村办学条件，稳步提高乡村教师待遇，加快乡村教师周转宿舍建设，解决乡村教师后顾之忧，不断扩大优质教育资源覆盖面。加强农村幼儿园和幼师队伍建设，满足农村学前教育发展需求。完善农村基层医疗卫生服务体系，强化乡村医疗队伍建设，推进乡镇卫生院、村卫生室服务能力建设，建设健康乡村、美丽乡村、幸福乡村。加强农村社保体系建设，健全农村老人、留守儿童、残疾人服务体系，加大乡村敬老院、农村幸福院、社区日间照料中心等建设力度，让老年人安度晚年。

（4）积极推进美丽乡村建设。科学编制乡村建设规划和新型村庄规划，实现乡村规划全覆盖。县乡党委、政府要高度重视规划编制工作，充分听取专家和群众意见，确保规划科学可行。鼓励先行先试，支持基础好、有活力、有资源、带动力强的村庄优先发展，建设一批美丽乡村示范村。有条件的“淘宝村”要率先建成美丽乡村，打造乡村旅游点。对于省级示范村，要整合资源力量，加快软硬件建设，确保通过考核验收。稳妥推进村庄整合改造，利用土地增减挂钩政策实施村庄整合的，一定要科学规划、尊重群众意愿，适当提高补偿标准，最大限度地让利于民，切实减轻群众负担，将好事办好。

三、突出抓住乡风文明这个保障，努力推动文明发展

乡村振兴，既要塑形也要铸魂，不仅要经济振兴，还要文化振兴，既要富“口袋”，更要富“脑袋”。一要加强农村思想道德建设。坚持以习近平新时代中国特色社会主义思想为指导，推进实施“四德工程”，大力弘扬社会主义核心价值观，开展形式多样、群众喜闻乐见的教育活动，教育群众、引导群众听党话、感党恩、跟党走，不断增强主人翁意识、规则意识、社会责任意识、集体意识、法治意识。二要积极弘扬优秀传统乡土文化。实施“乡村记忆工程”。每一个乡村都是带有历史印记、人文符号的家园。要加强非物质文化遗产保护和传承，深入挖掘、传承和弘扬优秀传统文化，保护乡村的文化符号和历史印迹。建设一批集乡土建筑和乡村民俗于一体的乡村博物馆。乡村博物馆不用“高大上”，关键是因村制宜、经济实用。深入实施文化惠民工程，制定乡村公共文化服务体系标准、完善公共文化服务网络、丰富公共文化服务内容、加强公共文化服务人才队伍建设，既要做好“送戏下乡”工作，也要“用好外力、激活内力”，鼓励创作自编自演群众喜闻乐见的文化节目，丰富农民精神文化生活。三要大力推动移风易俗。高价彩礼、婚丧大操大办等不良风气在一些村庄仍然

存在，群众对其反感，但又无力改变。各级党委、政府和有关部门要高度关注、综合施策，党员干部要做表率，红白理事会和村规民约要发挥好约束引导作用，把移风易俗作为农村精神文明创建活动的重要内容，坚决遏制高价彩礼、大操大办、厚葬薄养、人情攀比、铺张浪费等行为，让文明乡风吹遍乡村每个角落，树立乡村文明新风。

四、突出抓住治理有效这个基础，努力推动和谐发展

坚持自治为基、法治为本、德治为先，积极构建党委领导、政府负责、社会协同、公众参与、法治保障的现代乡村治理体系，推动乡村社会和谐有序发展。要以村（社区）“两委”换届为契机，全面推进村级服务型党组织建设，优化提升农村带头人队伍，打造坚强战斗堡垒。换届选举完成后，市县乡要分级分批对村级党组织书记、村委会主任进行集中培训。加大村级组织运转经费保障力度，确保有人办事、有条件办事。健全党务、村务、财务公开制度，健全完善村民自治章程和村规民约。加强农村法治宣传教育，全面实施“一村一法律顾问”制度，依法加大对农村非法宗教活动的打击力度。严惩横行乡里、欺压百姓的村霸与黑恶势力，挖出其背后的靠山和“保护伞”，实现农村长治久安。

五、突出抓住生活富裕这个根本，努力推动共享发展

生活富裕是实施乡村振兴战略的终极目标。近年来，中央持续加大富农惠农惠民力度，农村居民收入不断增长。要紧紧扣住增加农民收入这个中心任务不放松，千方百计增加农民收入，不断提高农民群众生活水平。要处理好“富民”与“强村”的关系。富民，关键是多措并举，拓宽农民增收渠道。切实增加农民生产性收入，重点要加强务农、务工技能培训，加快培育新农人；切实提高农民财产性收入，重点要加快土地流转，充分激活农村要素资源；切实增加农民工资性收入。发挥农业龙头企业、合作社等新型经营主体的引领作用，广泛吸纳农民务工，要切实降低农民负担。认真落实

各项惠农政策，从严查处乱集资、乱摊派、乱收费等问题。强村的关键是发展壮大村级集体经济。积极努力，着力在做实和创新上下功夫，第一步，消除集体经济“空壳村”；第二步，按照山东省实施村级集体经济发展三年行动计划的部署，因村制宜，选准路子，多措并举强化扶持引导，使所有村（社区）年集体经济收入达到3万元以上，形成一批年集体经济收入50万元以上的强村。要进一步加强对村级集体资产、资源、资金的登记和管理，建立台账，优化配置，推动资源变资产、资金变股金、农民变股东，确保集体资产保值增值。

六、突出聚焦黄河滩区，努力实现黄河流域高质量发展

聚焦黄河滩区，改进帮扶措施，强化攻坚能力，实现脱贫攻坚与乡村振兴有效衔接。

（一）聚焦重点，精准发力

认真落实中央和省关于推进深度贫困地区精准脱贫的要求，从注重全面帮扶向注重深度贫困区域和重点群体攻坚转变，从以开发式扶贫为主向开发性、保障性扶贫并重转变，从注重脱贫进度向保证脱贫质量转变，从脱贫攻坚向乡村振兴转变，实现了黄河滩区群众全部搬迁入住新居，住宿条件、生活环境、服务设施大大改善，切实把党的温暖送进群众心坎上。一是强力推进黄河滩区脱贫迁建。认真落实黄河滩区脱贫迁建实施规划，按照“五个统一”的要求加快工作进度。二是强力推进贫困村提升工程。根据要求，把基础条件薄弱、脱贫任务较重的省扶贫工作重点村作为美丽乡村建设的突破口，按照“五通十有”标准，围绕脱贫、巩固、提升三个层面综合施策、一体推进，增强贫困村自我发展能力。三是强力推进保障性扶贫。对完全或部分丧失劳动能力、无业可扶、无力脱贫的特困群体，要采取资产收益、低保政策、实物供给等多种方式，加大保障性扶贫力度。确保贫困学生资助、“八个一”健康扶贫工程、扶贫特惠保险等政策落实，全面核查、切实解决新出现的农村住房安全问题。单县高韦庄镇马寨村，为村里的贫困老人集中建设了周

转房，基本实现了集中供养，不仅改善了老年人居住生活条件，房屋周转起来也避免了重复拆建，这个做法很值得推广。高韦庄镇19个行政村建成了贫困老人周转房，入住老人居住在一室一厅的房子，用上了抽水马桶，有了壁挂式电暖气和公共院子，生活条件大大改善。深入开展“四认领”结对帮扶活动，确保1个爱心企业至少认领1个省扶贫工作重点村、1名“两代表一委员”至少认领1个贫困户、1名爱心人士帮扶1名孤寡老人、1个社会组织帮助10名贫困学生，营造社会扶贫的浓厚氛围。

（二）综合施策，深化“三个一”工程

深化“一户一案”精准扶贫，严格落实帮扶单位到村、帮扶干部到户的“双向承诺”，对贫困群众逐人逐户完善帮扶方案，做到情况弄清楚、问题找准确、措施定具体、成效有保障。由“大水漫灌”向“精准滴灌”转变，使“输血”向“造血”转变。深化“一村一品”产业扶贫，大力发展无公害果蔬、中药材等高附加值的特色种植业、林果业、养殖业，每个扶贫工作重点村培育1～2个特色产业。深化“一人一岗”就业扶贫，严格执行扶贫车间地方标准，加快扶贫车间升级改造，提高运营管理水平，鼓励利用扶贫车间返乡创业，支持具备条件的注册小微企业，让“扶贫车间”成为“致富车间”“发展车间”，为乡村振兴持续发挥支撑作用。对目前建成的“扶贫车间”，各级要逐一排查，摸清生产运营、订单销售、吸纳贫困人口就业等情况；只要贫困群众有就业能力和就业愿望，“扶贫车间”就要能收尽收，确保为他们提供合适的工作岗位。做好脱贫攻坚与乡村振兴衔接工作，认真贯彻落实乡村振兴战略，深化乡村振兴战略和黄河流域生态保护与高质量发展规划的融合。

（三）强化保障，确保脱贫成效

脱贫攻坚具有复杂性、反复性，更具政治性、敏锐性，必须强化保障措施，确保全面打赢。一是强化组织保障。强化党政一把手负总责的责任制，完善市级领导干部联系县区、乡镇和贫困村制度，进一步压紧压实县乡村三级主体责任、行业部门的帮扶责任、扶贫办的协调督导责任。县（区）委书记、县（区）长要亲自抓、

带头干，县（区）委副书记要靠上抓、不放手，对脱贫攻坚投入更多的精力、智慧和感情。认真落实山东省委关心关爱基层干部减轻基层负担的十条意见，引导激励基层干部更加用心用情用力抓扶贫。对派驻贫困村的第一书记和驻村扶贫工作队，市委组织部要加强日常管理，抓好督导考核，确保帮扶工作扎实、让群众满意。二是强化内因保障。把扶贫与扶志、扶智结合起来，引导贫困群众克服“等靠要”思想，增强信心，消除精神贫困。充分发挥村级党组织的基层一线战斗堡垒作用、脱贫致富带头人的引领作用、返乡创业人才的带动作用和帮扶干部的助推作用，加强政策引导、教育引导、典型引导，推动形成自强自立、争先脱贫致富的良好氛围。三是强化作风保障。按照中央关于开展脱贫攻坚作风建设年活动的部署，集中精力抓好扶贫领域腐败和作风问题专项治理，确保脱贫攻坚各项部署落地生根。加强监督检查，对弄虚作假、搞数字脱贫的，发现一起查处一起，特别是对滥用扶贫资金、优亲厚友、贪污浪费的，坚决严惩不贷。要像建设“天网工程”“雪亮工程”一样织密群众监督网，让各类“微腐败”无所遁形。

七、突出加强党的领导，为乡村振兴提供坚强保证

实现乡村振兴，必须毫不动摇地加强党的领导，以高效顺畅的体制机制保障各项工作任务落实。

（1）加强党的领导。牢固树立“四个意识”，健全党委全面统一领导、政府负责、党委农村工作部门统筹协调的农村工作领导体制，建立党政一把手是第一责任人、市县乡村四级书记一起抓的领导责任制和工作机制。市县党委成立由党委书记任组长的农村工作领导小组及其办公室，成立党委农村工作委员会，全面加强对“三农”工作的组织领导、统筹协调。县（区）委书记要当好乡村振兴的一线总指挥，既要挂帅更要出征，履职尽责要到位。县乡党委、政府要把工作重点和主要精力放在抓乡村振兴上，在干部配备上优先考虑，在财政投入上优先保障，在要素供给上优先满足，在公共服务上优先安排。要把到农村基层一线锻炼作为培养干部的重要途

径，推动优秀人才向农村基层流动，打造一支懂农业、爱农村、爱农民的农村干部队伍。县（区）党委、政府每年要向市委、市政府专题报告乡村振兴战略工作实施情况。建立县乡党政班子和领导干部推进乡村振兴战略的实绩考核制度，将考核结果作为选拔任用干部的重要依据。

（2）深化农村改革。认真落实第二轮土地承包到期后再延长30年的政策，稳妥推进农村土地制度改革，加快农村宅基地和集体建设用地使用权确权登记颁证工作，健全市县乡三级农村产权市场交易体系，探索落实宅基地集体所有权、资格权、使用权“三权分置”的具体办法，赋予农民更多可支配、可交易的财产权，严禁利用农村宅基地建设别墅大院和私人会所等。

（3）强化投入保障。积极构建财政优先保障、金融重点支持、社会积极参与的多元投入机制，加大对乡村的投入。县乡财政要以更大力度向“三农”倾斜，积极推进涉农资金整合，确保财政投入与乡村振兴目标任务相适应。金融机构要加大农村信贷投入，增加金融服务网点在乡村布局的密度，把乡村作为实施普惠金融的重点。鼓励社会资本、工商资本参与乡村振兴，引导带动人才、资源、资本进乡村，助推农业农村发展。

（4）狠抓工作落实。坚持规划先行，抓紧研究制定实施乡村振兴五年规划，把实施乡村振兴战略与美丽乡村建设、农村社会治理等工作统筹考虑、整体安排，协同推进、狠抓落实。要有奋勇争先的精气神，绘制优势转换的路线图，要有久久为功的任务书和啃硬骨头的攻坚劲。各级各部门要大力弘扬勤勉敬业、担当实干、马上就办、持之以恒的工作作风，以真抓的实劲、敢抓的狠劲、善抓的巧劲、常抓的韧劲，弘扬实高新严细的工作作风，确保中央和省委、市委决策部署落地见效。

实施乡村振兴战略，事关党执政基础的巩固发展。要更加紧密地团结在以习近平同志为核心的党中央周围，带着动力，带着责任，带着感情，大力实施乡村振兴战略，全面提高新时代“三农”工作水平。

第七节　突出特色产业发展促进乡村产业振兴

菏泽市围绕乡村产业振兴持续发力，坚持产业特色化发展，发挥区域产业比较优势，加快乡村产业振兴。定陶区南王店镇大力发展西瓜特色产业，探索实践出一条乡村产业发展之路。

一、基本情况

示范区东至宋庄村，南到董庄村，西到丰西村，北至万庄村，点上重点聚焦王楼、万庄、沈庄、宋庄、晁楼5个行政村，面上覆盖全镇19个行政村，79个自然村，总面积53.4平方千米，人口3.4万人，耕地面积5万亩。聚力打造定陶区南王店镇乡村振兴齐鲁样板省级示范区。南王店镇主导产业为西瓜，种植面积达2.1万亩，其中大棚种植1.8万亩，中小型拱棚3 000余亩，总产值2.2亿元。产业发展特色突出，规模化生产优势凸显。目前拥有菏泽市富万家生态农业科技有限公司、华飞家庭农场、定陶利民合作社、祉福合作社等一批新型经营主体，建有南王店万亩西瓜示范产业园，围绕西瓜产业已经形成专业化育苗、规模化生产、立体化经营的基本格局，是鲁西南著名的“西瓜之乡”。交通四通八达，区位优势明显。示范区位于定陶区南部，京九铁路、220国道纵贯南北，枣菏高速、定砀路横贯东西。资金投入不断加大，基础设施不断完善。推进区内水、电等基础条件配套完善，设施装备达到标准化、规模化、机械化、无害化安全生产条件，管理服务设施齐全。公共设施完善，深化为民服务。区内建有示范性村部服务中心、新时代文明实践站、科普益民服务站、乡村大舞台，能满足村民基本公共服务要求。

二、产业优势条件

1. 农业产业基础较好　一是种植历史悠久。西瓜种植已有

500余年历史，据《定陶县志》记载，早在明朝中期，定陶“城南十五里，户多种瓜，沙而味甘，消暑甚宜”，大棚西瓜栽培也有20余年历史。二是西瓜上市时间早。每年大约在4月中旬上市，比大田西瓜提前2个多月，已成为苏鲁豫皖交界地区批量上市最早的西瓜生产基地。三是西瓜口感好。品种皮薄、肉质脆且沙，纤维少，口感、风味佳，中心含糖量达13%以上，西瓜以早熟、汁多、味正、甘甜而远近闻名。四是西瓜品牌响。相继通过了山东省农业农村厅“无公害农产品产地”认证和农业农村部“无公害西瓜”产品验证，2015年成功申请绿色产品认证，注册了“南王店镇”“陶蠡源”和“南王店西瓜”3个商标，2017年获得农产品地理标志产品，并进入农业农村部“名特优新”农产品目录，启动了南王店西瓜二维码追溯体系，确保产品绿色安全。五是产业振兴的重要平台。南王店镇现有2 800多户种植西瓜，1 000亩以上的专业村9个，30亩以上种植专业户52家，成立西瓜种植专业合作社12家。吸收中老年普通劳动力2 000余人进棚务工，西瓜产业已成为产业振兴的重要平台。六是经济效益较高。大棚早春西瓜头茬上市可卖到每千克6元以上，亩产5 000千克左右，平均价格2～3元/千克，亩均纯收入在1万元以上；中小拱棚亩均纯收入6 000元左右，种植效益可观，调动了农民种瓜积极性。

2. 自然资源条件得天独厚 一是气候资源优势。境内属温带半湿润季节性气候，冬冷夏热，秋凉春燥，四季分明，日照充足。二是水资源优势。南王店境内比较大的河流有5条，在全镇范围内构成了丰富的地表水资源。三是土壤资源优势。地处淮河流域，为黄河冲积型平原。全境地势平坦，土层深厚，土质优良。

3. 拥有稳定的市场销售和社会化服务体系 拥有西瓜交易市场2处，农贸市场2处，产品深受市场青睐，远销北京、天津、河北、内蒙古、河南、江苏等10多个省份。与三信、银座、天联、怡和等5家超市签订购销合同，已有225家超市建立专柜，专营南王店西瓜，实现了农超对接模式。每年定期举办南王店西瓜节，提升了知名度、美誉度和影响力。新模式快速发展，全面建成“淘宝镇”。农业社会化服务体系完善，以定陶区西瓜协会为平台，联合会彬、宇皓农机合作社等对种植西瓜实行“五统一”服务。一是统一品种。把优质早熟品种作为主栽品种，逐步推广早春红玉、彩虹等特色礼品西瓜。二是统一技术操作规程。按照绿色西瓜生产标准，全程指导西瓜生产。三是统一农资供应。推广施用生态有机肥，控释化肥，严格按照绿色西瓜生产标准供应农资。四是统一监测农药残留。做到绿色安全。五是统一贴标销售。“一瓜一标、一瓜一码”，实施质量可追溯体系，保证了西瓜质量。

4. 优惠的政策支持和金融支持 菏泽市高度重视农业产业发展，充分发挥西瓜种植的传统优势。先后出台多个文件，在财政、金融、保险、用地等方面给予政策支持，鼓励村民种植早春大棚西瓜。

三、充分认识探索乡村振兴菏泽模式的重要性

山东省第十二次党代会明确了山东未来5年发展目标，锚定“走在前，开新局”。菏泽市定陶区南王店镇认真贯彻中央和省、市、区决策部署，围绕为乡村“五个振兴”赋能和积极探索乡村振兴齐鲁样板菏泽模式、南王店路径，主动探索新路子、总结新经验。以乡村振兴齐鲁样板省级示范区创建为目标，围绕乡村“五个振兴”，选取基础好、潜力大、带动示范性强的5个行政村，重点加大资金投入，形成破竹之势，分别在组织振兴、产业振兴、文化振兴、生态振兴、人才振兴这五个方面实行“点”突破，发挥示范引领作用，打造乡村“五个振兴”示范高地。以财政资金为引导，整合引导行业资金、社会资本等，项目化推进乡村振兴，探索总结乡村振兴新模式、新路径，为努力打造乡村振兴齐鲁样板奠定基础。

四、强化创建条件

（1）组织领导有力。菏泽市定陶区南王店镇党委、政府高度重视创建工作，成立工作专班，研究制定创建方案，建立健全工作机

制，明确创建要求、创建内容、创建目标，完善创建条件，强化领导调度，协调解决问题，强化组织保障。

（2）特色优势明显。在乡村产业、人才、文化、生态、组织等五个振兴领域具有较好的工作基础和发展潜力，南王店西瓜产业成为有鲜明的地域特色的富民主导产业，走出了一条可复制、可推广的绿色发展之路。农村人居环境得到有效整治，乡村治理水平高、生态效益好。

（3）创建积极性高。南王店镇辖区行政村党组织具有较强的凝聚力和战斗力，善于组织群众，发动群众，团结带领农民发展产业、拓宽就业、增收致富，有思路、有成效。村风民情淳朴，农民群众广泛支持、踊跃参与。南王店镇宋庄行政村党支部，充分发挥“头雁效应”，不断创新工作方式方法，构建了党建核心引领基础，乡村振兴、文明村风两翼齐飞倡新风，选、育、奖三点融合齐发展，党建、党员入股成立合作社、基地、创业车间等平台，促进构建民生的“一二三四”工作模式。先后被上级党组织授予基层党建“红色品牌”创建工作示范点、基层党建八大红色品牌创建工作示范点等先进基层党组织。

五、创建现实基础好

（1）南王店镇乡村振兴工作基础好。市区党委、政府强化领导，主管部门大力支持，南王店镇党委、政府班子战斗力强，坚持以党建为引领促乡村振兴，充分发挥南王店镇乡村产业基础好、资源禀赋得天独厚、科学技术普及率高、辐射带动作用强的优势，坚持政府主导，坚持农民主体，坚持连片推进，坚持统筹协调，坚持因地制宜，坚持改革创新，制定产业发展战略，建立了产业素质提升三大体系：新型经营体系、现代市场体系、科技支撑体系。大力推广农业科技成果，用新技术、新业态、新模式积极改造传统农业，不断提高农产品的科技含量和附加值，积极承接先进科技要素和高端优势产业转移，建设农业科技集成创新与成果转化基地，积极探索“科技企业＋科研院所＋涉农高校＋经营主体”“生产基地+示范项目”的现代农业技术集成与示范转化模式。推动产品加工环节提档升级，延伸产品加工链条，着力开发西瓜饮品、西瓜酱、西瓜果脯、西瓜糖、药食同源产品等，进一步增强定陶区产业市场竞争力；大力发展各类专业合作社，推动农业规模化经营、产业化发展，促进农业产业体系的升级换代，提高农业比较效益，促进农民增收；加强农村劳动力培训，培育适应现代农业发展需要的新农人。以乡村振兴齐鲁样板省级示范区创建为重要平台，积极吸引社会、民间资本等向平台集聚，汇聚发展新动能，既有利于打造乡村振兴示范基地，充分发挥其示范引领辐射带头作用，也有利于引入现代经营理念和经营模式，不断推进农业现代化建设，让农民共享发展红利，不断满足人民群众对美好生活的新期待。

（2）南王店镇乡村振兴实践基础好。推动产业集群发展，促进一二三产业深度融合。坚持新发展理念，开展了西瓜标准化生产示范项目，建设一批地理标志农产品和原产地保护基地，加快特色农产品公共品牌建设，开发系列高附加值农产品。推广绿色生产模式，加快绿色高效和环境友好型生产技术推广，积极推进现代物流设施建设，打造了一批优势农产品出口基地、品牌农产品生产基地、现代农业示范基地。进一步完善了科技支撑体系，提高了优质高产品种和集成配套技术的普及率。创建齐鲁乡村振兴省级示范区，在原有实践基础上进一步推进乡村振兴向纵深发展，既有利于推动区域统筹协调发展，也有利于突破菏泽鲁西崛起战略的实施；既有利于发挥南王店镇乡村产业、人才、文化、生态、组织优势，也有利于探索创新实践出一条欠发达地区乡村振兴的新路子。

六、科学制定发展规划

（一）总体布局

锚定“走在前、开新局”。落实党中央、国务院决策，省委、省政府、市委、市政府、区委、区政府部署要求，以示范区创建为平台，以乡村振兴重大项目为基础，推动资源要素聚集聚合，将示范区打造成乡村振兴的先锋区、标杆区，在打造乡村振兴齐鲁样板中取得突破。

强化规划性、示范性。按照定陶区乡村振兴发展规划，结合具体工作实际，编制了示范区创建建设方案，重点聚焦宋庄、万庄、晁楼、沈庄、王楼5个行政村，涵盖辖区19个行政村，充分考虑各村实际，准确定位各村发展功能，编制多规合一的村庄规划，融入乡村振兴创建大局，制定了“一核三区五中心”的发展布局。

1. “一核”　南王店镇智能化综合服务核心控制管理中心。加强信息化建设，实施智慧化管理，发挥南王店镇党委、镇政府在示范区创建过程中的核心作用。

2. “三区”　主导产业种植区：坚持多元化、现代化、规模化发展西瓜、葡萄、火龙果、冬枣种植和畜禽养殖等，同时依托文化中心、产业中心、祉福庄园等发展休闲采摘、农耕文化旅游等。

产业升级示范区：依托恒丰科技农业、富万家、志群、华飞等规模企业，探索农产品加工业、育苗业、休闲度假旅游等一二三产业融合发展新模式。

特色果蔬种植区：主要种植蔬菜、瓜果等快产快销品类，依托农村淘宝等电子商务发展订单农业与“互联网+”农业。

3. “五中心”

（1）产业功能提升中心。抓特色产业培育，促进农业特色产业快速发展。以王楼为中心，在稳定现有面积、保障收益的基础上，突出发展瓜菜等特色产业，为示范区申报提供强大产业基础。一是在品种选育和统一育苗上下功夫。不断加强品种引进和优化，建设高标准、规范化育苗工厂，保证种苗质量。二是在展示宣传上下功夫。力争到2023年，建成高标准品种展示大厅1处，展示西瓜生产的新模式、新业态、新技术，让人们全年能看到南王店西瓜、品尝到南王店西瓜。三是在品牌营销上下功夫。通过电视台、纸媒、微信、举办西瓜节等多种形式，持续提升南王店西瓜的品牌影响力，最终辐射带动董庄、大李、沈庄、刘桥、王店等行政村。

（2）组织功能提升中心。以宋庄为中心，突出村班子凝聚力强、干事创业积极性高的优势，深入推进“头雁工程”，持续提升基层组织力，为示范区创建提供坚强组织保障。加大对村“两委”干部的培训力度，每年不少于6天，对党支部书记、会计等进行封闭性培训每年不少于1次。提高村“两委”待遇水平，优秀的村党支部书记享受副科或科员级待遇。加强后备干部储备，每村至少培养3名年轻后备干部，将农村能人纳入村“两委”。

（3）文化功能提升中心。以沈庄为中心，突出优秀传统文化，繁荣发展乡村健康文化，加强文化产品供给和服务，以其先导性、战略性为实施乡村振兴战略提供精神激励、智慧支持和道德滋养。推广沈庄扶贫助老服务中心典型经验，构建老有所养、老有所乐、孝善养老的新模式。每年举办农民文化艺术节，展示各村文化艺术水平，并对道德模范进行表彰，创先争优。

（4）人才功能示范中心。以万庄为中心，突出南王店镇产业基础雄厚、智力密集优势，围绕示范区创建的各类需求，聚集农业技术人才、返乡创业人才、致富带头人等人才团队到示范区创业创新，加强与菏泽学院等高校院所的合作，坚持内培外引相结合，为示范区创建提供有力的人才、智力支持。

（5）生态功能提升中心。以后晁楼为中心，突出绿色生态环保，积极推进农业产业和乡村旅游融合发展模式，打造以休闲体验、生态采摘为特色的休闲观光农业，为示范区增加绿色底蕴。对人民路、定砀路、京九铁路、东鱼河两侧进行高标准绿化，绿化面积3 600余亩。打造后晁楼、万庄、宋庄等美丽乡村和省级卫生村，进一步凸显生态建设成效。

（二）工作目标

1. 总体目标 以乡村振兴齐鲁样板省级示范区创建为目标，聚焦乡村产业振兴、人才振兴、文化振兴、生态振兴、组织振兴示范点建设，实施“六大提升行动”，突出示范性、引领性、辐射性、标杆性。实施乡村产业发展“双提升”行动，提升农产品供给保障水平和乡村产业发展水平。实施村级组织发展“双提升”行动，提升村级党组织建设水平和村级集体经济发展水平。实施乡村建设“双提升”行动，提升人居环境整治水平和基础设施及公共服务水平。实施乡村治理“双提升”行动，提升乡风文明水平和乡村善治水平。实施农民技能增收“双提升”行动，提升农民技能水平和农民收入水平。实施农村改革“双提升”行动，提升资源利用水平和要素保障支撑水平。

2. 具体目标

（1）乡村产业发展“双提升”行动。提升农产品供给保障水平和乡村产业发展水平。形成以西瓜特色产业为主导，蔬菜种植和畜禽养殖为辅，一二三产业融合发展的产业发展新格局，加快农业产业化发展和高质量发展。持续提高农业综合生产能力和重要农产品有效供给，培育壮大家庭农场、规范农民合作社运营，健全农业社会化服务体系，大力发展农产品加工流通业，加快发展现代乡村服务业，延长产业链、提升价值链，拓展乡村产业发展新空间。积极发展创业车间，充分利用劳动力资源发展就业，带动能力强的富民产业，使农民分享产业发展增值收益。

（2）实施村级组织发展“双提升”行动。加强村党组织带头人队伍建设，实施“头雁工程”，促进农村基层党建全面进步。严格落实“四议两公开”，提升村级事务规范化管理水平。提升村级集体经济发展水平。积极盘活集体资产资源，发展壮大新型农村集体经济。深化村党组织领办合作社，提升农村集体创富能力，带动农民增收。示范区内村集体收入实现稳中求进。

（3）实施乡村建设“双提升”行动。提升人居环境整治水平和基础设施及公共服务水平；打造整洁有序的村庄环境，规范提升农村改厕质量，健全完善长效管护机制，统筹推进农村生活污水治理和垃圾处理。深入推进美丽乡村示范创建，注重特色风貌保护。推动农村路水电气网等基础设施建设、推进快递物流体系、冷藏保鲜、冷链物流建设。扎实推进农村住房建设。加强普惠性、基础性、兜底性民生建设，确保幼儿园、义务教育、基本医疗、养老等服务就近保障，健全建、管、用相结合的长效机制。

（4）实施乡村治理“双提升”行动。加强农村精神文明建设，深入开展“听党话、感党恩、跟党走”等宣传教育活动。拓展新时代文明实践中心（所、站）建设，深化文明实践志愿服务。倡树新时代美德和健康生活方式，深入开展移风易俗行动。开展多种形式的文化体育活动，加强农耕文化传承保护，办好农民丰收节、地方特色节庆活动。推广运用乡村治理积分制，创新积分制运用形式，引导农民群众主动参与农村公共事务，推广应用乡村治理“清单制”，抓实村级事务“阳光工程”，推进法治乡村、平安乡村建设，推进乡村治理现代化、科学化、规范化、制度化水平。

（5）实施农民技能增收“双提升”行动。加强农民技能培训，以种养能手、文化人才、能工巧匠为重点，加快培训一批农村实用人才和创业人才、青年农场主等，培育一支爱农业、懂技术、善经营的高素质农民队伍。密切利益联结机制，推行保底分红。采取股份合作、利润返还等方式，支持农民发展的各类乡村产业改造提升，带动更多农民通过发展乡村产业实现增收致富。示范区内建成至少1处乡村人才技能培训基地，农村劳动力普遍掌握1～2门实用技术，农民人均可支配收入明显增长。

（6）实施农村改革“双提升”行动。提升资源盘活利用水平。深化农村承包地“三权分置”改革，巩固完善农村集体产权制度改革成果，释放制度红利。盘活利用闲置宅基地和闲置住宅，在政策允许范围内发展民宿、电商等。鼓励利用“四荒”资源，引导发展林果业上山上坡进滩。强化人才支撑，搭建产业平台、出台留用政策，吸引各类人才在乡村创新创业。强化金融供给，对接金融机构，加大信贷投放力度，更好地满足乡村振兴的多样化金融需求。强化用地保障，保障农村公共公益设施、乡村文化旅游设施及农村新产业、新业态用地。

（三）发展方向

统筹推进示范区产业振兴、人才振兴、文化振兴、生态振兴、组织振兴，在乡村振兴建设进程中创造经验、树立样板，为菏泽科学发展、后来居上赋能加油，为打造乡村振兴齐鲁样板贡献智慧和力量。

（四）规划内容、时间

规划内容：重点围绕产业振兴、人才振兴、文化振兴、生态振兴、组织振兴五大方面，统筹谋划推进，集中连片打造，推动示范区融合发展、乡村全面振兴。

规划期限：2022—2024 年，建设期 2 年，争取半年成势，一年成型，两年成区。

（五）资金投入来源及保障措施

1. 资金投入来源　创建示范基地项目省级财政投资、行业资金、工商资本。

2. 保障措施　镇级政府按照示范区建设资金要求，积极整合相关资金投入，各级财政资金按照各自管理办法管理使用。整合行业资金、社会资金等，服务乡村振兴示范区建设；示范区建设土地所需的土地指标，优先给予保障。

七、建设内容

（一）产业振兴项目实施计划

1. 南王店镇早春西瓜提质增效项目

（1）西瓜产业园区建设项目。建设 3 000 平方米高标准西瓜育苗大棚 1 座，配套建设土壤检测及改善科研工作站；用电气线路对产业园内棚区进行提升改造；实现“棚棚通”目标，新建产业园内棚区排水渠，实施穿涵工程，实现排水畅通。

（2）西瓜市场提升改造项目。制作标牌，划分西瓜展示区、西瓜交易区、文化宣传区，解决西瓜交易期间占道经营的问题，规范西瓜交易市场秩序、道路交通。

（3）特色农业发展扶持项目。建立“三品一标”奖补制度，推动农产品“三品一标”的体系建设和南王店西瓜品牌的体系建设。采取“以奖代补，先建后补”的方式，用于奖补 50 亩以上标准化基地、规范化农场、绿标申请、品牌建设、示范带头等建设内容的实施主体；筹措资金，对建设面积 300 亩以上标准化基地进行配套设施建设。

（4）农产品质量安全项目。健全早春西瓜追溯体系，建设西瓜产品质量检测设施，完善安全质量保障体系，确保农产品质量安全。

（5）早春西瓜品牌创建项目。注重品牌建设，深入推进农业绿色化、优质化、特色化、品牌化建设，深化农业科技成果转化和先进技术推广应用。推行标准化生产，培育农产品品牌，保护地理标志农产品，建立产学研融合的农业科技创新联盟，完善农产品质量和安全标准体系。聘请专业团队对南王店西瓜，进行品牌形象设计并制作宣传专题片。实行线上、线下宣传相结合，纸媒、新媒体相结合等多种形式，加大宣传力度。定期举办南王店镇西瓜节，积极参加各类推介活动，把南王店西瓜销售，加入山东品牌农产品综合服务平台，搞好电商平台销售。

2. 智慧化农业产业园建设项目 建设智慧化农业产业园，推进智慧农业发展。以西瓜、蔬菜智慧化大棚建设为抓手，依托富万家合作社、万庄党支部领办的合作社，以万庄为中心，投入资金，建设规范化育苗大棚、保温拱棚，建设完成后，面向群众出租使用，以增加群众收入。

3. 产业园区配套设施提升工程项目 产业园线路改造项目对产业园棚区用电线路进行提升改造；产业园区水利设施建设项目，加快改善农业农村水、电、路等基础设施，提升基础公共服务能力。

4. 现代物流和交易市场项目 建设现代化农产品冷链仓储物流体系和交易大市场。方便群众进行西瓜交易，同时解决西瓜交易期间，占道经营，车辆乱停乱放情况，规范西瓜交易市场秩序，保证道路畅通，保障群众生命财产健康安全，打造南王店镇西瓜大市场。

5. 实施品牌建设工程项目 注重品牌建设。深入推进农业绿色化、优质化、特色化、品牌化建设，深化农业科技成果转化和先进技术推广应用。推行标准化生产，培育农产品品牌，保护地理标志农产品，建立产学研融合的农业科技创新联盟，完善农产品质量和安全标准体系。

6. 创业车间建设项目　扩大创业车间规模，增加创业车间数量。依托涉及的19个村，盘活村内废弃厂房、空闲宅基地等闲置土地资源，建设创业车间，为示范区群众就近就地就业提供工作岗位。

（二）生态振兴项目实施计划

1. 人居环境综合整治项目　以晁楼、王店、王楼为重点，覆盖其他16个村，对残墙断壁、乱搭乱建、坑塘以及绿化、亮化、美化等方面进行全面治理提升。实施农村生活污水治理工程，实现镇域生活污水治理全覆盖。

2. 垃圾分类建设项目　形成可复制、可推广的农村生活垃圾分类模式。实现农村生活垃圾分类全覆盖，建设危险废弃物处理设施，统筹规划，建立健全有害垃圾收运处理体系，确保分类后的有害垃圾得到安全有效处置。

3. 农村公共卫生厕所升级改造项目　实施农村“厕所革命”。推进农村公共卫生厕所基本达到等级标准，基本达到无害化要求。

4. 实施产业园区带动项目　依托产业园区项目，提升农户的市场参与能力，带动小农户打通与二三产业联结的路径，提升农业生产经营组织化程度。一是直接吸纳就业。对于土地流转出去的农户，以龙头企业为依托，对农民进行技术培训后，返聘到产业园从事农事生产、产品加工、基建维护等工作，使农户除获得土地出租收益外，也增加工资性收入。推进农民向产业工人转型并实现增收。二是以后晁楼为中心，突出绿色生态环保理念，积极推进农业产业和乡村旅游融合发展模式，打造以休闲体验、生态采摘为特色的休闲观光农业，同时，吸引周边农民从事农家乐、采摘观光、教育科普等休闲农业，推进农民向服务业人员转型，实现家庭旅游经营收入平均达到10万元以上。围绕西瓜、火龙果等核心要素，打造以生态农业休闲观光为主的特色旅游产业体系，提升美丽乡村的农业生产功能，植入休闲旅游产业，打造有温度的软乡村、有活力的酷农业。

（三）人才振兴项目实施计划

1. 实施人才培育项目 建设镇级乡村人才技能培训基地 1 处，定期组织开展种植、养殖、加工、电子商务等实用技术培训。建立高素质农民职称评定，培育一支爱农业、懂技术、善经营的高素质农民队伍。邀请菏泽学院、农业农村局、乡村振兴局专家学者组建师资库，加强村党组织带头人、致富能手、后备干部培训，为乡村振兴提供智力支撑。

2. 实施人才招引项目 设立乡村振兴人才工作站，在行政村设立引才联络点。对新认定的高新技术企业及新招引硕士以上人才的企业给予一次性奖励。设立奖补资金用于人才保障，具体覆盖返乡创业优秀人才住房保障、配偶安置、子女就学、工作津贴、医疗保健、培养教育等方面。

（四）组织振兴项目实施计划

1. 村级战斗堡垒建设项目 提升村级党组织凝聚力、向心力、战斗力。以“抓党建、强产业、促振兴”为发力点，以宋庄为中心，突出凝聚力强、干事创业积极性高的优势，整合宋庄、万庄、晁楼、沈庄、王楼 5 个行政村资源，以党建“一盘棋”、产业“一体化”、服务“一条龙”为抓手，打造资源共享、活动共办、党员共管、事务共商、难题共解的农村区域党建新格局，以片区辐射周边村党组织促进全域整体提升。建设党员积分超市，对原党群服务中心所在广场进行改造。高标准建设一批公开栏、制度标牌，改造文化广场，全域提升各村党群服务中心建设水平。

2. 村级集体经济增收项目 坚持党建引领，深入挖掘各村发展潜力和集体资源，想方设法拓宽农村集体增收渠道。

（五）文化振兴项目实施计划

1. 大力弘扬优秀传统文化 以沈庄为中心，辐射全镇行政村，大力弘扬优秀传统文化，建立文化长廊。突出繁荣发展乡村文化，加强文化产品供给和服务，以其先导性、战略性为实施乡村振兴战略提供精神激励、智慧支持和道德滋养。推广沈庄扶贫助老服务中心典型经验，进一步构建老有所养、老有所乐的养老新模式。每年举办农民文化艺术节，展示各村文化艺术水平，并对道德模范进行表彰。

2. 新时代文明实践设施建设项目 打造示范区内村级“一站式服务”的综合服务平台。高标准提升王楼、董庄、大李等 11 个村的新时代文明实践（所）配套设施、图书阅览室、家庭站、幸福院等，更新、配齐健身器材，安装高标准显示屏，丰富群众精神文化生活，倡树文明新风尚。

八、实践效益

（一）社会效益

1. 产业振兴、人才振兴、生态振兴、文化振兴、组织振兴示范基地建设取得明显成效 依托南王店镇 5 个不同行政村为重点建设示范村，聚焦乡村产业振兴、人才振兴、生态振兴、文化振兴、组织振兴五个不同类型的示范基地重点推进建设，对乡村产业、人才、生态、文化、组织“五个振兴”总结典型经验，探索发展新路径、新模式、新经验，发挥示范、引领作用。各类示范基地全部建设完成后，可带动运输、包装、贮藏、加工、饮食和观光农业等相关产业的发展，推进农村城镇化和美丽宜居乡村建设，使美丽宜居乡村建设的底色更加浓厚。

2. 乡村“五个振兴”示范基地的示范辐射带动作用更加凸显 五大示范基地建设坚持高标准规划、高质量建设、高水平管理。在投入项目资金建设后，五大基地软硬件条件都会得到极大改善。乡村振兴中窗口示范作用较为突出，对其他县、市（区）、村的乡村振兴也起到积极的示范引领作用。示范区建成后，可明显改善当地农业生产基础设施条件，推进土地生产率大大提高，土地综合效益明显提升。科技对农业经济增长贡献率可以达到 70%以上，既可以带动区域内农业产业快速发展，也可带动运输、旅游、餐饮、服务业快速发展，进一步提高农业市场化、农产品商品化程度，加快工业化、城镇化、乡村振兴发展步伐。

（二）生态效益

示范区建设坚持创新、协调、绿色、开放、共享的新发展理念，坚持“五个振兴”相互促进、相互支撑、协调发展。坚持资源高效利用和环境保护，积极发展无公害农业、绿色农业、有机生态农业，注重栽培、种植、生产、收获、加工、贮运等环节，实现“从土地到原料再到产品和包装”的全程质量安全控制，实现生产基地的生态化、种植过程的无害化、生产过程的安全化、产品质量的高档化、包装材料的绿色化。改善农业生产环境，大量施用有机复合肥，提高水资源的利用率，增加土壤含水量，改善土壤的物理结构、土质成分；改变农村生活环境，实施雨污分流、坑塘治理，提升农村人居环境。执行严格的环境保护规范制度，对农田生态系统积极修复。坚持经济效益、社会效益与生态效益并重，科学合理规划布局各功能区，减少环境污染，保护生态环境，注重生态效益。

（三）经济效益

示范区建成后，专业合作社进一步增强，农业产业化进一步发展，集体经济进一步壮大，农民收入进一步增加，经济效益进一步提高。各类项目年总产值预计 1.5 亿元，销售收入预计 1.2 亿元，年利润总额为 0.8 亿元，不仅具有巨大的经济效益，同时还可带动运输、包装、贮藏、加工、饮食、旅游等相关产业的发展。

九、保障措施

（一）加强组织领导

成立工作领导小组，由定陶区政府主要领导任组长，分管负责同志任副组长，有关部门和南王店镇主要负责人作为成员。发挥创建镇主体作用，细化实施方案，明确任务分工，完善保障措施，加强协作配合，确保为乡村振兴省级示范区创建工作提供坚强的组织保障。

（二）强化政策支撑

加强对乡村振兴省级示范区的政策、资金配套，加大部门、行业配套资金整合力度，吸引更多资金参与乡村振兴省级示范区创建工作。

（三）强化督查指导

将示范区创建工作作为乡村振兴督查考核的重要内容，创建情况将纳入党政领导班子和领导干部推进乡村振兴战略实绩考核。积极推动资源要素向示范区集聚，探索不同区域、不同基础条件、不同资源环境的乡村振兴实现路径。

（四）加强宣传推介

按照边实践、边深化、边提升的思路，总结创建过程中的好经验、好做法，展示推广示范区创建成果，组织新闻媒体开展集中采访和深度报道。

第八节　以新型农村合作社建设助推乡村振兴

党的十九大报告指出，农业、农村、农民问题是关系国计民生的根本性问题，必须始终把解决好“三农”问题作为全党工作的重中之重。建立新型农村合作社，是促进农民增收、农业增效、农村富裕的重要途径，是助推乡村振兴的新引擎，是加快“三农”发展的重要切入点。

一、新时代新型农村合作社建设的重要意义

（一）新型农村合作社建设是新时代乡村振兴的重要推动力

组建多元化农村合作社是推动乡村振兴的重要举措。成立业务领域广泛、功能作用各异、规模形式灵活的多种形式的合作社，能够很好地解决单家独户“干不了、干不好、干了不划算”的难题，也将促进市场的开拓和农业产业链条的延伸。将单一的生产环节向产前和产后延伸，逐步覆盖整个产业链条；将重点主导行业产业向多个行业产业拓展；将单一的农业生产经营向信用合作、互助保险等多领域拓展，持续扩大合作业务范围，形成“生产在家、服务在

社”“一端连农户、一端连市场”的新格局。

对于菏泽市来说，组建多元化农村合作社具有典型性、针对性、现实性和实效性。以新型农村合作社建设为抓手，发挥其辐射、示范、带动作用，促进乡村振兴，对于欠发达地区实现乡村振兴，实现后来居上、跨越发展，进一步满足人民群众对美好生活的新期盼，具有重大的现实意义和深远的历史意义，是有效解决菏泽乡村发展问题的对症药方，是解决“三农”问题的长远发展之策，是推动乡村振兴的新引擎和动力源。

（二）新型农村合作社建设是加快“三农”发展的重要切入点

党中央历来十分重视“三农”问题，目前，“三农”工作转入全面推进乡村振兴、加快农业农村现代化新阶段，合作社的类型已经扩展到包括粮食种植、牲畜养殖、蔬果水产以及农机农资等多种类型。以新型农村合作社建设为重要切入点，是加快农业农村发展、促进农业农村现代化、推动乡村振兴的重要撬点、支撑点。

（三）新型农村合作社建设是增强农产品市场竞争力的重要载体

新型农村合作社建设是带领力量薄弱的小农户冲破困难、冲向市场的重要依靠力量，对于促进农业深化改革、推进一二三产业深度融合，积极发展新业态、新模式、新技术、新产业起着非常重要的作用。通过新型农村合作社建设模式的转型升级，能够创新供给、激活需求、拉动市场，促进农副产品的标准化、品牌化、绿色化、有机化，不仅有利于对接国内市场，还有利于逐渐与国际市场接轨，促进新型农村合作社建设模式更加健康有效运行，引领农业经济的转型升级和产业结构的优化升级，走生态农业发展之路。

（四）新型农村合作社建设是打通农户与市场有效衔接的重要平台

新型农村合作社对于市场反应灵敏度高，对接市场能力强，顺应了现代农业发展的新要求。而个体农户在农业交易市场中往往具有盲目性、从众性、观望性的特点，容易受到信息不对称的影响。新型农村合作社弥补了个体农户在交易市场上的劣势，提高了农业生产技术和组织管理能力。新型农村合作社注重新技术、新品种、新设施的应用，通过实现农产品高产、优质、高价，增强在国内、国外两个市场的竞争能力；注重降低交易成本，提高经济效益；注重从事农产品精深加工，延长产业链条，提高产业价值链；注重辐射带动和示范效应，促进农户共同致富。实现建一个专业合作组织，兴一个产业、活一片经济、富一方农民的效果。从国内外发展专业合作经济组织的成功实践和案例来看，建设新型农村合作社既有利于实现民主化管理，也有利于为农民提供优质的托管服务，实现利润返还，或入股分红，更有益于实现农业规模化、标准化、产业化，走高效、优质、高端现代农业发展之路，加快农业现代化进程。

二、新型农村合作社的新内涵、新优势

（一）新内涵

新型农村合作社在新时代有新的内涵，与传统的农村集体经济组织有明显区别。一是坚持农民自愿性原则。遵循“入社自愿、退社自由”。二是其主要功能是为社员提供市场交易上的必要服务。三是独立的新的市场主体。从其组织机构、成立目的、决策机制、盈余分配方式等特征看，既不同于以公司为代表的企业法人，也不同于社会团体法人，还不同于个人或者合伙企业，是一种全新的经济组织形态。2017 年 12 月，修订后的《中华人民共和国农民专业合作社法》明确了农民专业合作社的市场主体地位，赋予其法人资格。四是更具专业性、市场性、组织性等特征。

（二）新优势

新型农村合作社的特点是上联市场、下联农户，信息资源优势明显，市场灵敏度高，可有效引导和指导农民种什么、养什么，帮助农民实现“种有所导、产有所销、销有所包、共创市场、资源共享、效益提高”。新型农村合作社坚持标准化种植、科学化养殖，特色化发展，立足产业和资源优势，引导、支持和带动农民发展优势产业，形成“一乡一业、一村一品、一乡一特色”的发展新格

局。新型农村合作社搭建农户与千变万化的市场相对接的平台，根据市场需求变化，科学地组织农户种植、养殖、加工，进一步延长产业链条，为农户统一提供“种、养、加、售”等一系列标准化服务，增加农产品的附加值，依托平台建设，积极打造农产品品牌和特色，提高农副产品的知名度，以品牌和特色不断提升市场占有率。

新型农村合作社有利于优化农业产业结构，组织农户抱团经营，抵御风险。通过优化一二三产业结构，新型农村合作社能够延长产业链条，提高农副产品价值链，提高规模化经营水平，提高农业综合效益，增强抵御自然灾害和市场风险能力。同时，根据市场导向，新型农村合作社能够发挥龙头企业的带动作用，合理调整农业产业结构，提高农产品的科技含量，实施规模经营，增加农产品商品价值和附加值，增强针对性、实效性、竞争性，实现利润最大化；搭建利益共享、风险共担的互助合作平台，建立利益共同体、发展共同体、命运共同体，增强抵御市场和自然双重风险的能力。此外，新型农村合作社还有利于组织进行统一谈判和销售，增加谈判“筹码”，避免无序竞争，维护行业竞争秩序，最大限度降低农民承担的市场风险，确保农民收入稳定增加，农民利益得到切实保护。

依托新型农村合作社的专业性、灵活性、市场性等优势，可以积极推广应用先进的农业科技成果，主动运用新技术、新模式、新业态服务农业产业化发展，为农业产业化发展插上腾飞的翅膀，使之服务于产前、产中、产后的全过程。通过创办科技示范点（户）、示范园、产业园、一二三产业融合示范区、医养康养基地、旅游观光园区，举办新型农民培训班、新农人培训等，促进农民科技素质的提高，催生新的生产模式、新的生产业态。

三、新型农村合作社助推乡村振兴的对策

（一）坚持管理创新，推动新型农村合作社新发展

新型农村合作社作为农村发展的新模式，其产生发展有着深刻

的社会背景，在具体操作上，既要认真贯彻落实《中华人民共和国农民专业合作社法》，又要进行管理创新，妥善处理好各种利益关系，满足农民对美好生活的新期待。一是坚持公开、公正、公平。农村股份合作制改革既要尊重客观历史，也要妥善处理好各种利益关系。坚持在法律和政策框架下，建立健全股东代表大会、董事会和监事会制度，实行民主管理、民主决策、民主监督，充分发挥社员（会员）代表大会的民主议事作用。二是坚持利益共享、风险共担。新型农村合作社的股份合作是社会主义市场经济条件下农村集体经济一种新的发展趋势，任何组织或个人不得以任何形式平调或非法侵占、私分，合作社实行自负盈亏，独立承担民事责任。新型农村合作社之间无论是从单向生产或者从加工上的合作转变成“产加销”一条龙的合作，还是从松散型合作逐渐转变为紧密型合作，最终要成为风险共担、利益共享的发展共同体、利益共同体、命运共同体。

（二）争取政府支持，出台优惠扶持新政策

新型农村合作社的发展要靠政府指导和优惠税收政策的扶持推动。政府相关部门应进一步对农民组织的专业合作社组织和合作金融组织提供更多的优惠政策。财税部门应明确对新型农村合作社和合作金融组织实行的优惠税收措施，以推动新型农村合作组织的健康发展。各商业银行信贷扶农的重点应转向扶持发展专业合作社和各种专业协会，帮助他们切实提高市场竞争能力，同时应加强资金扶持，保障新型信用合作社组织应有的权利，坚持“多予、少取、放活”政策，填补农村社区的金融服务空白，对新型信用合作社的发展给予资金扶持，使社区资金互助社成为发展新型农村合作社经济的核心。

（三）加强新型农村合作社建设，使其成为推动乡村振兴的新引擎

经过多年发展，我国经济总量位居世界第二，城市发展迅速，具备了城市反哺乡村、工业反哺农业、推进乡村振兴的基础和条件。新型农村合作社作为一种新的市场主体、全新的经济组织形

态，可以实现农户风险共担、利益共享，为此，必须加快推广新型农村合作社建设。既要坚持自愿原则，又要坚持政府引导。以新型农村合作社建设为突破口，按照产业兴旺、生态宜居、乡风文明、治理有效、生活富裕的总要求，建立健全城乡融合发展体制机制和政策体系，加快推进农业农村现代化。山东省担负着打造乡村振兴齐鲁样板的重任。新型农村合作社是服务农民生产、保护农民权益的主要载体，也是提升农产品国际竞争力的重要支撑，对于推动乡村振兴，提升农业现代化水平具有不可替代的作用。因此，应加强新型农村合作社建设，这将是推动乡村振兴的新引擎，是实施农业现代化的现实选择。

（四）组建多元化农村合作社，增强推动乡村振兴的新动力

针对一二三产业及同一产业不同领域，组建多元化农村合作社，可以充分发挥新型农村合作社服务农民、帮助农民、富裕农民的作用，引领小农户进入现代农业发展大格局，适应国内、国外两个市场。菏泽实施乡村振兴是贯彻落实山东省打造乡村振兴齐鲁样板的具体行动。组建成立业务领域广泛、功能作用各异的新型农村合作社，形成“生产在家、服务在社”的发展格局，能够推进标准化生产、品牌化经营，不断提高农产品的质量安全水平，而且对于探索农产品进超市、进网络的有效途径，开展连锁超市和农产品流通企业对接实践探索，推进“双向流通”具有重大的实践价值。

对于菏泽来说，新型农村合作社建设具有很强的针对性、现实性和指导性。菏泽应充分发挥地缘优势、区位优势和政策叠加区的优势，以新型农村合作社建设为抓手，以美丽宜居乡村建设为突破口，以创建国家农业综合实验区为创新平台，加快乡村振兴、实现后来居上。在新型农村合作社建设中要注重对于眼前和长远、局部和全局等关系的精准把握，注重产业领域的拓展，发挥其动力引擎的作用。

（五）积极进行探索，形成有菏泽特色的新模式

新型农村合作社建设是实现补短板、促发展，推动乡村振兴和提高农业现代化水平的重要举措。必须了解群众的所思、所想、所

盼，坚持问计于民，既抓好顶层设计，又充分尊重群众意愿和基层首创精神。目前，菏泽新型农村合作社建设已形成了多种特色模式。

一是农村合作社向社区合作社转型。菏泽黄河滩区迁建是农村合作社向社区合作社转型发展的典型代表。筑台建村打破了原来的自然村模式，10 个自然村合并建设，通过资源整合发展农村经济。目前，牡丹区李村镇的百香果热带果蔬采摘园，高李村、郝寨村占地1 000亩的蔬菜、瓜果采摘园等，已经成为农村经济发展的新亮点。

二是一二三产业融合模式。单县高韦庄镇农业产业融合发展示范园区是实行一二三产业深度融合的典型模式。新型农村合作社转型升级就是要转变成“产加销”一条龙合作，建立利益共享、风险共担的共同体。单县高韦庄镇马寨村被纳入全省第一批美丽村居建设试点。该村将产业发展与村庄规划、基础设施配套、美丽村居建设等工作统筹部署，以“五个同步”的实际举措，创建单县高韦庄镇农业产业融合发展示范园区，打造在全国可复制的乡村振兴齐鲁样板的新型农村合作社的菏泽模式。

（六）加强合作社内部教育培训，提升合作发展共赢的新能力

一要重点培养职业经理人。通过职业经理人培训和人才制度建设，培育出越来越多的农业精英人才。通过培训、鼓励成功人士返乡创业等多种举措，凝聚、吸引、整合人力资源，让更多的农业人才、社会精英服务“三农”，推动新型农村合作社内部实现协同共赢的目标，成为协作创新、协同发展、资源互补、利益趋同的组织。二要提升个体社员的参与能力和水平。通过培训，增长社员见识、开阔视野、积累能力、提高综合技能，激发农户致富的内生动力。三要运用现代技术手段，如电子商务、电商平台对接农民专业合作经济组织。这既有利于新型农村专业合作社的升级，也有利于销售模式的转型和农业市场的升级，成为农村专业合作社节约线下成本、合理配置资源、优化产业结构的新动力。四要发挥高校科技助农作用。依托高校人才、专业、学科优势，加强涉农专业人才培

训，积极培训高素质农民，为农村合作社建设注入强大动力，提供人才智力支撑，增强其可持续发展能力。

总之，新型农村合作社已成为推动农业、农村、农民发展不可或缺的新型组织形态，在助推乡村振兴中发挥着重要的作用，必须不断创新实践，使之成为推进乡村振兴的新引擎、动力源和加油站。

2

第二章 乡村文化振兴实践探索

新农村文化建设是事关全局的战略性问题，是解决农业、农村、农民问题的重要着力点、切入点和突破点。

第一节　构筑中国梦的重要途径：新农村文化建设

全面建成小康社会，实现社会主义现代化，农村是关键。中共中央提出的社会主义新农村建设“二十字”蓝图，“生产发展”是根本，“乡风文明”是灵魂。“文化建设”是实现乡风文明的关键，构筑新型、健康、科学的农村文化，既是新农村建设的重要内容和内在需求，也是实现农村持续、健康、科学发展的必然选择，更是一项重大的文化科研课题。

一、积聚新农村文化建设的正能量

1. 加强农村先进文化建设，打破局限　对于打破传统文化中的局限，增强农村发展的凝聚力、向心力和创造力意义重大。加强农村先进文化建设，用适应新农村发展的现代理性文化思维和价值取向来替代传统农村文化观念和传统保守思维，可以不断为农村发展注入强大的内在驱动力和发展活力。

2. 加强农村先进文化建设，为农村发展提供精神动力　让农民建立新的生活方式，养成良好的生活习惯，克服贫困性、封闭性、边缘性、单调性、落后性等弱点，用科学的先进文化改造农民的头脑，实现传统农民向现代新型农民转变，成为推动城镇化、农业现代化发展需要的主力军。

3. 加强农村先进文化建设，为农村发展提供智力支持和保障 按照统筹城乡协调发展的要求，充分发挥城市反哺农村、城市对农村的辐射带动帮扶作用，政策、资金向农村倾斜，以农村先进文化建设为契机，大力加强农村义务教育、职业教育、培训教育，注重对农民科技文化的教育，不断提高农民的科技知识、管理知识、经济知识和文化素质，这既是适应世界农业生产规模化、集约化、产业化发展的迫切要求，也是实现我国农业现代化和中国梦的现实需要。

4. 加强农村先进文化建设，加快推进我国城镇化水平的提升 党的十八大提出加快推进我国工业化、信息化、城镇化、农业现代化，“四化”与农民密切相关。实现“四化”的关键，就是要使农业比重下降和传统农民数量减少，就是要使农民具备城镇化的思维、素质、修养和能力，就是要造就具有城镇化文化理念的现代农民、新型农民，就是要使农民在本质上得到重大突破和提升。

二、问题与成因分析

1. 农村文化设施缺失现象严重 农村文化设施建设远远不能满足农民精神文化的需要。根据《中国文化报》“农民文化需求调查”，农村文化设施建设问题和困难仍十分突出。国务院发展研究中心课题组对17个省（自治区、直辖市）2 749个村庄的调查结果显示，农村公共文化薄弱，发展很不平衡。被调查地区53%的村庄有过公共文化娱乐活动。上海和浙江农村举办公共文化娱乐活动的比例最高，超过90%，贵州、内蒙古和广西比例最低，不到27%。究其根源，既有历史的原因，也有机制的问题。

2. 专业文化人才严重缺乏 农民文化消费水平低和畸形消费并存。农民文化消费水平低，但用于“红、白、灰”等文化消费却不少。城乡二元结构固化、重城市轻农村是造成人才荒问题的根本原因；农村经济社会发展滞后，农民文化素质低、审美价值缺失是导致农民文化消费水平低和畸形消费的主要原因。

3. 农村农民文化贫困问题　农村文化环境受到不健康文化的冲击和挑战，农村文化生活单调落后、农民精神空虚、文化贫困等问题突出。由于我国农村中小学义务教育薄弱环节较多，导致农民文化层次低、知识贫困；中国农村经济社会落后积重难返且体现在各个方面，尤其体现在文化观念上。我们正处在一个思想大活跃、观念大碰撞、文化大交融的时代，先进文化和落后文化、有益文化和腐朽文化并存，正确思想和错误思想、主流意识形态和非主流意识形态相互交织。农村文化市场是一个巨大的社会市场，健康文化、高雅文化若不占领主流文化市场，那么主流文化市场极有可能被畸形文化、不健康文化所占领。

4. 农村文化建设远远落后于经济发展　经济欠发达地区农村文化问题更加突出。农村发展中经济"腿"长、文化"腿"短的问题非常突出。一方面，由于受传统思维模式影响，重经济轻文化，一手硬、一手软的现象普遍存在。另一方面，我国区域经济社会发展的不平衡性也导致不同地区、不同区域农村文化发展存在不平衡现象。在东部沿海经济发达地区，农村文化建设在雄厚经济力量的支撑下，实现了本地区农村文化建设的长足发展，农村文化设施、文化活动投入大，成效明显。经济欠发达地区和相对落后地区，由于地区经济发展的落后、经济实力的不足，造成农村文化教育、文化设施建设等方面的落后，无形间又加剧了该地区社会经济发展的落后，从而进入了恶性循环的怪圈，形成了文化发展中的"马太效应"。

三、加强新农村文化建设的对策思路

1. 新农村文化建设非常重要，刻不容缓　主旋律文化的繁荣和提升是我国文化发展的最高目标。加强新农村文化建设既是我国文化建设的重要载体和内容，也是建设文化强国的重要举措，同时也是实现文化大发展、大繁荣的举措。文化是生产力，是价值导向。加强农村先进文化建设，宣传和凝聚正能量，是助推新农村发展的根本驱动力，是实现农村发展的重要引擎，不仅关系到农村的长远发展，而且关系到整个国家的发展战略大局，关系我国“两个一百年”目标的实现。培养和造就一批有文化、有知识、懂科学、守法律、会经营、善管理的现代新型农民，对加快建设文化强国、提高文化竞争力，建设富强、民主、文明、和谐、幸福的社会主义新农村，意义重大而深远。

2. 制定新农村文化建设的法律法规条例，出台配套的顶层设计政策 从法律层面和顶层设计的角度，通过对新农村文化建设立法，用法律规范新农村文化建设的相关重大问题。在政策制定上，依据发达地区和欠发达地区区域发展的不同实际，按照统筹区域协调发展的要求，在政策上向欠发达地区倾斜，通过加强政策调控和政府投入，加快推进欠发达地区新农村文化建设。在具体操作中，必须针对新农村文化建设与发展的现实状况，科学有效地构建新农村公共文化服务体系和框架，增强其科学性、可操作性和实效性。认真贯彻落实《关于进一步加强农村文化建设的意见》《中共中央关于深化文化体制改革　推动社会主义文化大发展大繁荣若干重大问题的决定》，对农村文化建设的要求和目标进行量化和细化。注重总结经验、教训，注重对农村文化体制机制的创新研究，注重对现有的农村文化资源的有效利用，通过采取切实有效的措施，使农村文化资源潜力得到开发，资金投入发挥最大效益，新建文化设施发挥最大作用，农村文化建设迸发和释放出巨大活力。

3. 必须坚持走中国特色社会主义文化发展道路 坚持提高全民族文明素质，增强文化软实力。我国的国情决定了要制定建设文化强国的目标，必须大力发展新农村文化建设，没有农村的文化发展和繁荣，就无法实现文化强国的中国梦。要突出新农村和谐文化建设。和谐文化是中国特色社会主义文化的重要组成部分，是实现社会和谐的文化源泉和精神动力，是提高中国国际影响力、实现中华民族伟大复兴、最终实现和谐世界理念的重要武器。实现伟大的中国梦，新农村和谐文化建设举足轻重，任重道远。

4. 必须加强硬件和软件建设，政策向农村倾斜　从我国农村发展不平衡的实际出发，坚持因地制宜、量力而行、扎实推进、讲究实效的原则，既要抓投入、抓创建，也要抓管理、抓巩固。要尊重市场规律，充分发挥市场机制的配置调节作用，积极推动社会各方面力量主动参与发展农村文化产业和文化事业，整合农村文化资源，吸引社会力量，积极主动地为农村发展提供更多更好的优质文化产品和服务。加强实施文化资源有重点、有针对性地向农村倾斜的政策，实行以政府为主导，以乡镇为依托，以村为重点，以农户为对象，齐抓共管，上下联动，积极配合，不断完善县、乡、村文化设施和文化活动场所，不断加强文化平台建设、载体建设。大力推进广播电视进村入户、电影放映以及文化信息资源共享工程等各项文化惠农工作，进一步增强现代文化的辐射能力；认真贯彻落实培养“四个一批”人才，实施“人才兴文”战略，进一步加强文化人才队伍建设等相关政策意见，聚集回归、公开招聘，注重发挥农村文化能人、民间艺人、本土化的文化艺术骨干的作用等措施，形成有利于优秀文化人才成长和发挥作用的良好环境，使各类文化人才的智慧和能力竞相释放。

5. 必须保障农民文化权利的回归　享受公共文化产品及公共文化服务是每一个公民的权利，农村文化建设事业是全党关注、全社会关注的大事。要注重保障机制与保障体系建设，逐步建立和完善由政府投入为主，社会各方面力量广泛关注和热心参与的农村公共文化服务体系，既是补农村文化发展的短板，也是实现社会再分配的时代性、进步性、合理性、公平性的必然要求，更是保障农民文化权利的必然要求。各级党委、政府要切实负起责任，建立政策保障机制、投入激励机制和多元化建设机制等有效保障体系与运转机制，出台“农村文化活动奖励办法”等可操作性强的具体措施，引导、鼓励、支持农村文化活动的开展，全面提高农民素质，增强农村“软实力”和“人文竞争力”。

6. 必须实现从输血向造血转变　激活农村文化活力，大力发展农村大众文化，积极开展生态村创建活动，既是时代发展的必然要求，也是人民群众的殷切期盼。在整个社会加速转型期，大众文化迅速崛起。以电视为主要载体的大众文化的中心化是我国农村文化发展的必然。大众文化应大力推出榜样和优质偶像，弘扬主旋律，提倡多样化，注重人格、道德品质和艺术才能的有机结合，体现主导文化、高雅文化、精品文化，不断发展健康向上、丰富多彩、有中国风格和中国特色的社会主义文化；创建文明生态村是一场全面而深刻的乡村革命，要坚持以提高农民素质和生活质量为根本，以“经济发展、生活富裕、精神充实、环境良好”为主要内容，协调推进物质文明、政治文明、精神文明、社会文明和生态文明建设，建设富裕、民主、文明、和谐、美丽的社会主义新农村。恩格斯认为“文化上的每一个进步，都是迈向自由的一步”。人自由而全面地发展是共产主义的特征之一，也是社会主义先进文化所追求的目标。社会主义文化建设的目的就是促进人的全面发展，培养有理想、有道德、有文化、有纪律的社会主义公民。

7. 必须突出农村文化建设，并作为政府职能的重中之重 要强化中央及地方各级政府在新农村文化建设中的主导作用，更多地在新农村文化建设中做到经济建设、政治建设、文化建设、社会建设、生态建设“五位一体”，共同统一于中国特色社会主义建设之中。邓小平同志指出：“我们国家，国力的强弱，经济后劲的大小，越来越取决于劳动者素质，取决于知识分子的数量和质量。”我国的农业是弱势产业，农村是弱势地区，农民是弱势群体，这些短板出现的最根本原因是农民素质有待提高。农民文化程度的高低，直接影响到其自身素质的高低，也直接影响到“三农”的发展。为此，在全面建成小康社会的征程中，必须充分发挥政府的主导调控作用，把保障农村文化建设、全面提高农民科技文化素质纳入党委、政府工作的重要议事日程，纳入经济和社会发展规划，纳入财政预算支出，纳入干部晋升考核指标，纳入科学发展考核量化，纳入小康社会目标管理，确保农村文化建设各项目标任务顺利实现。

8. 认真研究探索和推广应用新农村文化建设好的发展模式 在实践中，一些地方已探索出农村文化建设的有效发展模式。如浙江绍兴市坚持政府投入主导作用，加大县级文化建设财政投入，一大批活动室、图书馆、休闲公园等在农村相继建立；山东省菏泽市在新农村文化建设中做了积极的探索和实践。充分发挥地方高校的文化传承、创新与引领作用。菏泽学院依托自身人才优势，围绕牡丹文化、水浒文化、戏曲文化、武术文化、天香园艺品牌等地方文化开展研究，积极打造地方文化名片，为当地农村文化发展注入活力。发挥当地政府作用，调动群众参与积极性。菏泽市各县区把文化设施建到群众家门口，文化舞台搭到百姓心坎上，基本实现了“村村有文化大院、乡乡有综合文化站”的目标，提升了群众幸福指数。按照“政府倡导、社会参与、群众主体”的思路，通过资金扶持、引导带动，鼓励农民自办文化社团，在自编自演、自娱自乐中找到自信，享受文化带来的快乐。群众自编自导自演的小戏曲《老来红》、快板《巧媳妇巧计劝公婆》、农家小调《新姑爷送节礼》等120多部作品，深受百姓喜爱。菏泽市成武县围绕打造基层文化站，夯实农村文化阵地，建成综合服务站——基层综合性文化服务中心，实现了行政村全覆盖，打通了公共文化服务“最后一公里”。经常开展广场舞大赛、歌唱比赛、太极拳比赛、鼓吹乐大赛、诗词咏唱大赛、“闹元宵”民间艺术节、戏曲会演、曲艺大赛等各类民俗展演类活动；组建文艺小分队实施“文化进万家”演出活动；培训文艺骨干，组建了农村广场舞队伍610余支，并组织全民广场舞健身活动；积极推进全民阅读工程，组织实施以“新时代乡村阅读季”“我的书屋我的梦”“幸福”“节庆”为主题的阅读活动。举办了“山东省非物质文化遗产传承人群刻瓷技艺培训班”，既帮扶了贫困人员，也扩大了刻瓷文化的影响。

9. 文明实践奏响乡村文化振兴新乐章　菏泽市坚持以凝聚群众、引导群众、以文化人、成风化俗的工作方针，将宣讲学习、移风易俗、传统美德、志愿服务等作为主要内容，开展“倡树文明新风　争做时代楷模”活动，鼓励和引导群众积极参与乡风文明治理工作，推进更高水平的文明乡村建设，推动形成文明乡风、良好家风、淳朴民风，全面助力乡村文化振兴。活动互融：在农村开展

“村事民当家”议事会活动，推行新时代文明实践积分制；在社区开展“社区就是咱的家”文明实践主题活动；在学校开展“喜迎二十大　习语润心田”活动；在机关企业开展“四心”活动和“社区双报到”活动。队伍互通：单位、企业、学校与村庄、社区结对共建，专业志愿队伍参与，发挥“讲、帮、带、建”作用，形成多方参与、联动提升的工作局面。形式互联：将倡树美德和健康生活方式与“五为”志愿服务活动紧密结合，创新形式、丰富内容，调动群众参与的积极性。成效互鉴：以学习楷模、争当楷模、赶超楷模的正能量，调动各行各业的积极性，助推全县各项工作争先创优。制定《单县新时代文明实践积分兑换超市建设管理办法》，对群众的美德行为，给予一定的积分奖励，在累积积分的基础上选出候选人，再通过“村事民当家”议事会活动选出当月的“美德之星”。每月进行积分公示，既调动大家争当好人的积极性，也做到评选的公开公平公正。“美丽乡村创建个人”“志愿服务模范个人”“模范商家”等20余类“美德之星”建设活动成为一道靓丽的风景。利用“党声进万家”理论宣讲品牌项目，早中晚通过村村通广播宣传模范的先进事迹；策划拍摄身边好人、“美德之星”宣传片，打造美德健康生活方式云上课堂，更加生动形象地进行宣传；利用宣传栏、户外宣传大屏、微信公众号、融媒体专栏等线上线下宣传阵地宣传“美德之星”先进事迹；通过“村事民当家”议事会表彰，对于受表彰家庭镇村干部上门悬挂“美德之星”锦旗，文艺志愿队伍送荣誉；“美德之星”光荣榜进校园，常态化开展“美德之星”事迹宣讲。创新制作“美德之星”德尚卡，为月度之星、半年之星、年度之星分别颁发铜卡、银卡、金卡，持卡者可享受多家“美德爱心商家”提供的就医、餐饮、住宿、购物、交通等福利。分批次组织开展“美德之星”一日游活动，赠送“美德之星”纪念包，让先进模范充分感受到家乡的发展成果，激发为家乡经济社会发展做贡献的自豪感、荣誉感，激励大家争做美德健康生活方式的践行者。

总之，农村文化建设是一项长期、艰巨、复杂的系统工程，我们必须坚持“实事求是、因地制宜，统筹规划、分步实施”的原则，从大处着眼，从小处着手，要积极稳妥地扎实推进。各级党委、政府要充分发挥主导调控职能，最大限度地调动方方面面的积极性、主动性、创造性，形成新农村文化建设的强大合力，只有这样，才能使新农村文化建设的火焰越燃越旺，迸发出旺盛的生命力，不断增强新农村文化建设的可持续发展能力。

第二节　我国文化生产力发展路径选择

文化的力量，深深熔铸在民族的生命力、创造力和凝聚力之中。这一科学论断，深刻地阐明了文化在社会、政治、经济、文化、生活中特殊而重大的战略地位和作用。进入 21 世纪，发展文化生产力已成为 21 世纪核心的话题之一。党的十七大报告准确把握我国经济社会发展对文化建设的新要求和物质生活改善后人民群众对文化工作的新期待，对兴起社会主义文化建设新高潮作出重大战略部署。党的十八大报告中提出，扎实推进社会主义文化强国建设。文化是国家的根基，发挥着教育人民、提升素质、引领社会、推动发展的作用。党的十九大报告提出："没有高度的文化自信，没有文化的繁荣兴盛，就没有中华民族伟大复兴。"在"四个自信"中，文化自信是更基础、更广泛、更深厚的自信，是更基本、更深沉、更持久的力量。一个国家的强盛，离不开精神的支撑；一个民族的进步，有赖于文明的成长；适应全球化发展趋势，研究和探索我国文化生产力建设的发展路径，积极发展壮大我国文化产业，将其培育成新的经济增长点和支柱产业，既是一项重大的科研课题，也是一项紧迫的现实任务。

一、经济的文化化、文化的经济化和政治、经济、文化、生态、社会的一体化

对于经济全球化的发展趋势，马克思和恩格斯在 1848 年发表的《共产党宣言》中就作出过论断："资产阶级，由于开拓世界市场，使一切国家的生产和消费都成为世界性的了。过去那种地方的

和民族的自给自足和闭关自守的状态，被各民族的各方面的相互往来和各方面的相互依赖所替代了。”事实上，经济全球化是生产力和生产关系发展及人类社会发展进步的必然产物，政治、经济、文化、生态、社会“五位一体”、和谐统一、协调发展，社会才能协调、和谐、有序运转，走向良性循环和可持续发展之路，否则就会失衡，甚至瓦解。在世界经济、政治、文化、生态和社会的发展的进程中，五种因素相互影响，相互交叉，相互融合，文化的经济化、经济的文化化和政治、经济、文化、生态、社会的一体化这种融合发展趋势越来突出，越来越明显。经济文化化是指文化的、信息的、心理的因素在现代经济的发展中地位越来越重要。文化经济化是指文化越来越具有经济价值，文化已成为新的经济增长点和新的支柱产业，文化已经作为一种商品、服务和一门新兴产业进入市场，在政治、经济、文化、生态社会、和谐社会发展中发挥着引领和推进社会发展、服务社会的重要作用。在文化产业和文化消费中，既要发挥文化的正能量作用，又要创造巨大的社会财富和经济价值，为实现党的十八大提出的“两个一百年”奋斗目标奠定坚实基础。自党的十六大以来，我国文化体制改革有序推进，体制改革全面展开，转企改制促进了文化产业快速发展，公共文化服务水平和能力大幅度提高，我国文化软实力不断增强。但我国文化产业发展和出口创汇与发达国家相比还有一定差距，文化产业的发展潜力巨大。据联合国教科文组织的统计，在 1980—1998 年，美国文化产品的出口收入已经占到了其外贸总收入的 38%，文化产业对国民收入的贡献率远超过我国。为此，我们必须清醒地认识到我们面临的形势、问题和不足，适应文化产业发展和文化消费的新常态，实现文化的新发展。用社会主义核心价值观和科学先进文化塑造和影响国民，用主导价值观和主流文化整合各种文化思潮，凝聚智慧，增强民族凝聚力，最终实现国家文化软实力和综合国力的有效提升。在全球经济文化一体化发展的新形势下，文化与经济、政治、生态、社会的叠加效应更加明显，在综合国力竞争中的地位越来越重要，作用越来越突出。

二、马克思的文化生产力思想

1. 马克思的生产力观和精神生产力理论是极为重要的理论发现　物质决定意识，马克思把生产力区分为物质方面和精神方面的两种生产力，表明了他对社会生产力的精辟理解和准确把握。这两种生产力理论既有不同特征和类别的区分，同时又具有多重联系、相互交融、共为一体的特征，统一于马克思的生产力观之中；文化生产力是一种特殊的生产力，具有独特的精神生产属性，把观念、思想、道德、意志、情感、愿望、科技渗透融合于文化生产全过程，具体包括社会心理、社会意识、价值观念等层面的内涵，具有明显的精神特质和意识形态特征，具有强大的精神力、感召力、影响力、渗透力。文化生产同样具有一般实践活动的特征，文化产品必须具备物质的依托形式，文化生产力是一种潜在的或现实的生产力。

2. 马克思的生产力观具有重要的理论和实践价值　首先，马克思的生产力观是科学的辩证的唯物的生产力观，他从物质和精神两个方面阐明了生产力观，是马克思主义生产力理论的科学表述和集中反映；既从根本上否定了那种机械的、庸俗的旧唯物主义的物质决定论，也从根本上否定了那种孤立的、片面的主观主义的精神决定论。将两个方面有机统一于一体，统一于马克思生产力理论之中。其次，文化生产力理论表明，文化在经济、政治、生态、社会中的作用更加凸显，文化生产具有市场条件下经济运作的全部过程和流通、交换、消费等基本环节，当代文化生产日益成为一种巨大的复杂的系统的社会化大生产，成为现代化生产的重要组成部分，而不仅仅是人的内在的独创的心理活动。随着我国社会的不断进步，物质生产力和精神生产力将相互促进，螺旋上升，协同发展，我国综合实力将大幅度提升，物质文化水平将极大改善，人们对物质和文化生活的新需要将不断得到满足，物质生产力和文化生产力都将得到巨大发展，富强、民主、文明、和谐、美丽的目标将会变为现实。再次，文化艺术作为一种精神生产力，必然具有自身独特的文化内涵和生产方式。它具有深厚的历史文化底蕴，既必须体现精神生产者的精神创造能力，也必须体现其自身文化产品的影响力、感召力、凝聚力、辐射力，同时，它还受到社会文明程度、社会价值取向、物质技术水平、生产条件等影响。文化生产所达到的科学化、先进化、时代化、社会化程度，是判定其发展程度的重要指标。

三、新时期文化生产力的特征

1. 明显的物质性和精神性特征 文化生产的过程也表现为物化的过程，通过实践主体的劳动，将一定的材料加工改造为新的存在物，改变物质的现实形态，获得物质新的存在形式，以提高文化产品的观赏价值、商品价值和艺术价值。小品、戏剧等艺术要通过文艺工作者的表演反映社会现象，表演其实就是一种物质生产。优秀的文学作品，源于作者深入生活、深入群众、深入实际的调查研究和生活体验，这是作者创作灵感的源泉和重要的环节，再经过写作、提炼、修改、总结、编辑、印刷、出版、发行等环节，形成论文、书籍等文化性成果，以物质形式保存下来。绘画、书法、雕刻等文化艺术作品也要通过作者的劳动付出和辛勤努力，才能形成自己的文化作品和成果，通过作品反映其内在的艺术内涵，体现其重要的艺术价值。黑格尔在《美学》中指出，一个艺术家要驾驭外在的材料，必须具有熟练的技巧。

2. 突出的人民性和娱乐性特征 文化本身是社会意识形态的一个重要组成部分，社会主义文化是社会主义建设的重要内容，只有积极的健康的科学的文化，扎根于人民群众的大众的文化，被人民群众喜闻乐见的文化，才能得到人民群众的喜爱和赞赏，才能具有长久的生命力。文化建设要立足我国处于社会主义初级阶段的国情，着眼于“两个一百年”目标的实现，着眼于我国全民族素质的提高，着眼于推进全面依法治国，着眼于全面从严治党，着眼于国家治理体系和治理能力的现代化，着眼于实现伟大的中国梦，着眼于我国文化的长远发展，大力发展中国特色社会主义先进文化，使文化建设更贴近民众、贴近生活、贴近实际，使之更接“地气”，受人民群众欢迎，被人民群众认可，更具群众性和娱乐性。

3. 鲜明的思想性和先进性特征　坚持用习近平新时代中国特色社会主义思想指导我国文化建设，坚持中国特色的社会主义共同理想，坚持社会主义核心价值观，坚持以爱国主义为核心的民族精神和以改革创新为核心的时代精神，坚持马克思主义指导地位不动摇，坚持用优秀的作品鼓舞人，用中国特色社会主义理论武装人，用“正能量”舆论引导人，用高尚的精神和情操塑造人，确保文化建设正确的方向，坚决抵制一切腐朽思想文化的侵蚀和渗透，坚决铲除庸俗、颓废、落后文化滋生的温床和土壤；要深入持久地开展反对封建迷信、消除愚昧和移风易俗活动，努力学习和掌握先进科学文化，努力营造科学、文明、进步的浓厚氛围，建立良好的生活方式和生活习惯，让文明之花在我国扎根、开花、结果。

4. 交融的一元化和多元化特征　文化的一元化与多元化总是在对立统一中存在和发展。文化的多元化是经济社会发展的必然产物，它客观存在于社会发展的进程中。在坚持主流文化、主流价值观念的前提下，允许多种文化交织、兼容、并存、发展。实施改革开放后，人们的思想空前活跃，各种国外的文化思潮、生活方式等蜂拥而至，出现了一元主导与多元并存的发展局面。文化多元化的趋势，使我国意识形态领域一元化特点受到冲击和挑战，一元化与多元化的矛盾更加突出，并呈现出中心扩大与边缘渗透相结合的特点。

5. 内容上的开放性和普遍性特征　文化与经济、政治等相互交融、相互依赖。文化的支撑作用对社会经济发展越来越重要，经济的发展越来越依赖于文化的发展，这已成为当今世界经济发展的一大趋势；文化服务与文化产品已成为综合国力竞争的重要方面，成为独立的贸易形态和内容；文化领域已成为政治斗争和意识形态较量的主战场。在全球背景下，世界各种文化思潮的相互激荡、冲击、交流、交锋将更加频繁，国家意识形态的安全形势将更加严峻，但也要看到，机遇与风险同在，挑战与希望并存。在国际交往中，要尊重不同国家自己选择的道路和价值观念，尊重差异，求同存异，为促进世界和平、发展、稳定作出积极贡献。

6. 功能上的导入性、规范性特征 任何一个国家都有自己的主流文化和主导价值观念。建设社会主义文化强国，必须通过主流文化和主导价值观念来引导、规范人们的日常行为，消除其他消极文化的负面影响，积极发挥文化的正能量作用。在政治理念上，体现执政为民、全心全意为人民服务。任何一种社会制度的背后，都有其核心价值观，社会主义核心价值观是中国特色社会主义的兴国之魂，为此，必须在全社会培育和践行社会主义核心价值观，将社会主义核心价值观融入经济、社会、家庭、教育等全过程，最终达到政治自觉、思想自觉、行动自觉。

四、加强我国文化建设的路径

1. 必须充分认识加强文化建设的重要意义 人是文化的主体，人创造了文化，文化既塑造人，又影响人。发展大众的、科学的、先进的文化，有利于从根本上提高全民族科技文化素质和人才的培养质量，有利于提升民族的创造力、凝聚力、向心力，有利于我国在国际竞争中掌握主动权、话语权。在全球背景下，文化软实力在综合国力中的作用越来越重要，在推动社会进步和发展中的作用越来越凸显。大力推进文化强国建设，提高国家文化软实力和竞争力，事关“两个一百年”奋斗目标和中华民族伟大复兴中国梦的实现，事关党对意识形态工作的领导，事关弘扬中国精神、凝聚中国力量、提升我国文化软实力和国际竞争力，事关我国在国际社会的文明大国形象，事关中国特色社会主义道路，事关不断提高我国创新能力和中华民族的整体竞争力。在新的历史发展时期，我国文化建设正处于机遇与挑战并存、机遇大于挑战的重要战略发展机遇期。如何在新的国际和国内形势下，抓住机遇，加快文化建设发展，对于推动我国实现治理体系和治理能力的现代化具有重要的现实意义和深远的历史意义。

2. 必须坚持一元导向与多元渗透的辩证统一 发展文化产业，

必须坚持先进文化的前进方向，始终坚持党对一切工作的领导，始终坚持党对新闻舆论宣传工作的领导，牢牢把握党对文化全局工作的掌控力；必须弘扬主旋律，认真践行社会主义核心价值观，坚决不能搞指导思想的多元化。鲜明提出和践行社会主义核心价值观，有利于更好回应人们的思想顾虑和困惑，可以有效引领整合纷繁复杂的思想意识，有效避免社会分化可能带来的思想对立和混乱，形成团结奋斗的强大精神力量，进一步坚定跟党走的信心和决心，坚定道路自信、理论自信、制度自信、文化自信；认真践行社会主义核心价值观，有利于增强社会主义意识形态的竞争力，扩大中华文化的影响力，展示社会主义中国的良好形象，维护国家意识形态安全。既要尊重、保护、提炼、引导非主流文化形态中那些具有历史积淀意义的优秀传统内容，鼓励支持有利于国家统一、民族团结、社会进步的文化，又要吸收和借鉴西方文化中积极的思想文化成果。

3. 必须积极创新文化建设　在文化建设中，注重继承民族文化和发展创新民族文化的关系。对于优秀传统文化，既要继承又要发展。要鼓励和支持一切有利于解放和发展生产力的文化，一切有利于全面深化改革和推进全面依法治国的文化，一切有利于改革发展稳定的文化，一切有利于文明发展进步和弘扬真善美的文化，使先进文化成为人们共同的追求，真正内化于心，外化于行，成为人们的根本遵循。大胆改革创新，发展壮大文化产业。改革创新是加快我国文化发展的不竭动力，应围绕内容创新、体制机制创新、科技创新三个方面，着力提高文化产业效益。要通过创新为我国文化产业发展提供支撑力、原动力和竞争力，提升文化产品质量，满足人民群众对文化产品、文化市场的新需求、新期待、新期盼。坚持现代性、科学性、主导性、创新性原则，着力提高文化产业的高新技术含量，积极打造文化高端品牌产品，不断增强文化产业的影响力、感召力、渗透力、吸引力。既要突出重点，又要找准切入点，重点扶持和发展现代文化物流业，加快开发动画、游戏等新兴产业，加快数字电视发展和大众化传媒载体建设，集“电视、信息、通信”多种功能于一体，做到全面覆盖城乡。既要不断增强政府公共文化服务的水平和能力，又要遵循市场规律和市场运作机制。文化服务应当接地气，突出大众性、先进性、科学性、服务性原则。通过加大文化产品的有效供给，推动精神文化产品和服务纵深发展，更多更好地服务群众、服务基层、面向大众，不断增强文化产业可持续发展的能力。

4. 必须大力发展文化交流 随着人类交往不断依广度和深度发展，文化交流的规模、速度、层次、范围、力度都会出现一些新的变化和特点。适应文化发展的新变化、新特点、新规律，积极开展文化交流，必须正确对待外来文化，善于取长补短，去伪存真，采取多种形式、多种方法和多种途径，博采各国文化之长，坚决抵制各种腐朽思想文化的侵蚀，用兼收并蓄、包容的胸怀向世界展示中国文化建设的成就。必须用开放包容的视野进行文化交流和合作，善于分析、判断、辨伪，善于用历史的、发展的、全面的眼光看待其他国家的文化，始终坚持建设中国特色社会主义文化的方针不动摇。经济的全球化必然促进全球性的文化大交流。在全球化的国际背景下，文化与经济、政治的联系更加紧密，经济霸权容易衍生出文化霸权、政治霸权，发达国家利用其先进的信息技术手段大力传播其价值观念。因此，必须坚持“以我为主，为我所用，正确取舍，趋利避害”的原则，既反对文化保守主义又抵制文化霸权主义，既坚持先进的文化价值观又突出民族的主体意识，既弘扬科学的批判精神又要善于学习借鉴。优秀的传统文化，是发展先进文化的丰富营养源和培养基。对于优秀文化，无论中外、古今，都应该学习、吸收、消化，使之汇入中国特色社会主义的文化长河之中，推动中国特色社会主义文化不断创新发展，焕发出旺盛的生命力。

5. 必须大力发展文化产业 要立足我国文化产业发展的实际，科学规划和制定新的文化发展的总体战略、管理方式、产业机制和市场运作体系。这既是迫切的现实需要，也是长远的发展大计。伴随经济文化全球化交流的日益频繁，文化需求日益凸显和高涨，这就要求我们必须掌握并适应当代世界文化交往的经济规律，改变原本文化事业的“统管”模式，制定自己的文化安全策略，遵循文化发展规律，建立与中国特色社会主义物质文明、政治文明、精神文明、生态文明、社会和谐发展要求相适应的发展模式。坚持主旋律，弘扬时代精神。必须弘扬与时俱进的改革创新精神，必须传承和发展民族优秀传统文化，必须构建完善的科学的民族文化结构，必须塑造健康的积极向上的人文品格，必须推动时代的发展和进步。必须遵循市场规律。市场主体、文化市场体系是文化产业有效运行的平台和载体；加强宏观管理是实现文化产业健康发展的保障，三者互为依托，共同支撑和推进文化产业的科学发展。要多措并举，形成文化产业的混合型发展新格局，与总体目标相契合；坚持互利共赢原则，推动文化产业与旅游观光和休闲产业的深度融合发展，进一步拓展文化产业的发展空间。实践证明，必须坚持把发展文化产业与新发展理念和“四个全面”的实践紧密结合起来，必须坚持联系世情、国情、党情、民情。

巨野工笔牡丹画产业是文化“两创”和乡村振兴高质量融合发展的创新实践，是促进乡村物质文明和精神文明融合发展的有益探索，既体现了优秀传统文化的深厚底蕴，又彰显了现代高雅文化艺术，有效锲合了乡村“五个振兴”。2023 年以来，巨野县委宣传部、书画院积极组织陪伴花开志愿服务教学团队，免费向学员提供笔墨纸张，每年计划培训各类画师 3 000 人以上，通过公益培训，培养了一大批画师，在提高农民文化素养、带动广大农民发家致富、提升农村家庭幸福指数、助推乡村文明持续向上向好发展、构建全环境立德树人新格局等方面都发挥了重要作用，尤其是近几年在国际重大场合频繁亮相，向世界展示了中国工笔牡丹画的艺术魅力和中国农民的文化自信。

6. 必须大力加强诚信文化和四德建设 诚信是中国传统文化的精华，是诸子百家共举的道德标准。诚信文化既是文化建设与和谐社会建设的重要组成部分，也是文化建设与和谐社会建设的重要工具和目的，在中国特色社会主义和谐社会建设中具有工具和目的的双重作用和价值。爱国、敬业、诚信、友善是社会主义核心价值观的重要内容和要求，其中诚信在市场经济发展中具有至关重要的作用。诚信是为人处世的基本道德底线，是人与人之间相互信任和交往的基础，是市场经济的润滑剂；以平等、诚实为精髓，以实现平等主体双方互赢为目标。仁义礼智信等既是我国优秀传统文化的内核，也集中体现了中国传统的伦理道德范畴，简明表达了中国传统价值观念。在经济全球化背景下，我们必须对传统伦理进行创造性嫁接，赋予其新的时代内涵。使中华伦理的价值理念在与西方文化的互动中构建起具有现实意义的传输机制，一方面能强有力地维系民族认同力，同时又能发挥教育的价值，这将是中华民族精神家园建设中值得研究的具有重大意义的内容。要建设符合时代要求的先进政治文化，其核心和本质就是对广大人民群众讲诚信，以实现全面从严治党和先进的政治文化统领文化建设，整合中外有益文化资源和有益成分，在继承基础上创新。要大力加强社会公德、职业道德、家庭美德、个人品德建设，干部要做到清正廉洁、以民为本，造福一方、赢得民心；为人师表必须讲师德，做到学高为师、身正为范，琢玉成器就会受人尊敬；经商办企业必须讲商德，做到信守承诺，诚信经营，实现发展、赢得市场。全社会必须讲公德，只有做到人人修身自律，注意“修枝剪叶”，勿以恶小而为之，勿以善小而不为，积小善而成大德，才能形成强大的社会正能量，汇聚起文化建设的强大合力。

7. 必须大力建设社会主义和谐文化 推行国家治理体系和治理能力现代化，最终目的就是要实现国家富强、民主、文明、和谐、美丽。和谐社会需要和谐文化作支撑，和谐社会既应有和谐的文化底蕴、和谐的社会特征，也应具有和谐的精神动力、和谐的文化力量。建设和谐文化要坚持以人为本，学会关心人、理解人、尊重人、激励人。社会主义核心价值观是建设社会主义和谐文化的根和魂。面对新形势、新机遇、新挑战，党的十六届四中全会第一次明确提出了构建社会主义和谐社会的重大战略任务。党的十六届六中全会提出社会主义核心价值体系，围绕社会主义核心价值观学术界展开了深入研讨；党的十八大把社会主义核心价值观概括为 12

个词24个字，从国家、社会、个人三个层面提出富强、民主、文明、和谐，自由、平等、公正、法制，爱岗、敬业、诚信、友善。以此为根本遵循，成为人们的行为规范。建设和谐文化，大家必须共守法律法规底线、社会主义制度底线、国家利益底线、公民合法权益底线、道德风尚底线、社会公共秩序底线、信息真实性底线；传播正能量，共建和谐文化，推进和谐社会建设。要以和谐的学风推动和谐文化建设，要以和谐校园、和谐科系、和谐班级、和谐宿舍、和谐个人推动和谐文化建设，充分发挥高校和大学生的引领带动作用，在全社会构建和谐文化氛围，推动和谐文化建设不断升级深化。

8. 必须以法治视野和改革创新的法治理念推进文化建设　党的十八大作出了总体战略部署，强调推进全面依法治国和全面深化改革，以法治思维和方式提升国家治理水平和治理能力，打破传统思维的束缚，采用新思维、新办法、新举措，适应新形势、新常态，增强文化建设的发展动力，激发文化建设的内在活力，两者紧密联系，相互促进，有机统一，相得益彰，共同为实现全面建成和谐社会提供制度保障和动力支持。坚持依法治国和以德治国相结合，法律是成文的道德，道德是内心的法律。全面推进依法治国是建设法治中国的新航标。要通过法律强制力来确保道德底线不被突破，强化法律对道德的促进作用。要大力培育和弘扬社会主义核心价值观，社会主义核心价值观是文化软实力的灵魂，是国家治理体系和治理能力的重要内容，是实现社会和谐稳定、国家长治久安的重要途径。要弘扬和继承讲道德、守诚信、重民生、崇正义、尚和合、求大同、讲礼仪等中华优秀传统文化和传统美德，以道德建设增强对法治文化、法治精神、法治建设的支撑作用，使法制贯穿于社会主义核心价值观建设的全过程，使不同社会主体（国家、政府、个人和社会组织）都在法治轨道下运行，按照依法行政、依法执政、依法治国协同推进的原则，加强法治国家、法治政府、法治社会建设。突出科学立法、严格执法、公正司法、全民守法的原则，积极推进国家治理体系和治理能力的现代化。

9. 必须走中国特色社会主义文化发展道路 要从实际出发，既统筹兼顾，又突出重点和难点。我国农业大国的国情决定了文化建设的重点和难点在农村。改革开放以来，我国各项事业得到快速发展，但农民文化生活贫瘠的现象依然存在，直接影响我国文化软实力的提升。实现农村精准脱贫，必须实现农村文化的精准脱贫，教育的精准脱贫、思想的精准脱贫。因此，提高农民的文化素质，解决文化贫瘠的短板问题，既非常重要，也非常必要。既要有中央顶层设计，又要有具体的实施方案和措施。要统筹考虑发达地区和欠发达地区的不同情况和不平衡发展的实际，协调推进农村文化建设。要克服重经济发展、轻文化建设的现象。按照创新、协调、绿色、开放、共享的新发展理念，注重农村经济、文化建设的嫁接和改造提升，摒弃低俗、落后文化，实现农村先进文化的传播和创新，从适合本地区农村发展的现实情况出发，吸纳发达领域的先进文化，把农村文化建设纳入法治化的轨道上来，确保文化建设能够健康、有序地发展，打牢我国农村文化建设的根基，让农村文化建设结出丰硕成果，做到经济、文化同步、协调发展，并纳入各级党委、政府政绩考核目标，实现农民的现代性成长，培育新型现代农民。

10. 必须切实抓好各级各类学校学生的思想文化养成教育工作和社会主义核心价值观进头脑工作 青年学生是国家的希望、祖国的未来，实现伟大的中国梦、实现中华民族的伟大复兴，他们责无旁贷、义不容辞。因此，加强青年学生的社会公德、职业道德、家庭美德、个人品德教育，弘扬中华传统美德，弘扬真善美、贬斥假恶丑，唱好四德歌，做到知荣辱、讲正气、作奉献、促和谐。广泛开展志愿服务、学雷锋活动，学习红色精神，弘扬红色文化活动，推动道德建设常态化。加强青年学生的思想文化养成教育，用社会主义核心价值观武装学生头脑，既关系青年一代的健康成长成才，更关系民族振兴、国家复兴的长远发展大局。从小学、初中、高中到大学教育，必须突出主流价值观念、主流文化这一主线，按照中共中央、国务院关于加强社会主义核心价值观教育的实施意见，扎扎实实地做好青年学生的教育工作，通过“三进”即进教材、进课堂、进学生头脑工作，把学生培养成为社会主义核心价值观的忠实践行者、引领者、传播者，实现青年学生政治自觉、思想自觉、行动自觉，始终不渝地坚持道路自信、理论自信、制度自信、文化自信，自觉抵制不健康思想文化的冲击、腐蚀、侵蚀，自觉接受党的领导，坚定不移听党话、跟党走，把自己培养成为合格的社会主义建设者和接班人，担负起历史赋予的重任，在实现中华民族伟大复兴的征程上，用青春谱写绚丽的华章。

文化建设任重道远。我们必须清醒地认识并解决好文化产业的市场化、产业化特性与文化艺术所肩负的历史责任和使命的矛盾，追求产业利润、经济效益与建设积极向上、健康乐观的社会主义文化的长远发展战略的矛盾，必须坚持文化建设和经济建设、政治建设、生态建设、和谐社会建设协调推进，始终坚持“二为”方向和“双百”方针，始终坚持主旋律与多样化的统一，始终坚持先进文化占领主阵地，始终坚持社会效益与经济效益的统一，不断开拓创新我国文化生产力发展之路，让文化生产力发挥更大作用，产生更大效应。

第三节　乡村文化振兴建设路径

乡村文化振兴是乡村“五个振兴”内容之一。乡村“五个振兴”相互关联、相互促进、密不可分，是一个完整的整体，乡村文化振兴对于促进乡村产业振兴、人才振兴、生态振兴、组织振兴意义重大。

一、乡村文化振兴建设的目标要求

习近平同志指出：文化是民族的魂、文化是民族的根。文化是一个国家综合竞争力的重要组成部分。乡村振兴是全面振兴，既要培根，又要铸魂，乡村文化振兴是乡村振兴的根和魂。乡村文化振兴的重要标志是乡风文明、文化繁荣、弘扬主旋律、弘扬正能量，用习近平新时代中国特色社会主义思想武装人，用优秀的作品鼓舞人，用高雅的文化艺术吸引人，坚定中国特色社会主义文化自信，既要继承传承我国优秀传统文化，又要善于创新发展体现时代发展要求的新文化。既要传承继承优秀农耕文化、非遗文化，又要创作一大批体现乡村文化振兴的新作品，展现乡村文化振兴的新风貌、新成效、新成果，打造一批群众喜闻乐见的高水平、高质量的标志性乡村文化振兴文化成果，使之在农村开花结果，彻底根除农村陈规陋俗。这既是一次乡村文化观念的变革，也是一次乡村文化实践行动的变革，更是一次乡村的革命性变革。

二、乡风文明是乡村文化振兴的重要标志内容

1. 乡风文明的内涵 乡风就是物质生活、精神生活方面的乡土风俗，主要指人们形成的风尚、习俗或是价值观念、生活方式等。文明是人类进入高级发展阶段的一种进步的标志。乡风文明是农民在思想观念、行为方式、道德规范等方面所呈现出的一种积极、健康、文明、向上的精神风貌。乡风文明本质上就是农村精神文明建设的成效，涉及文化、风俗、法治、社会治安、文明礼仪、诚信友善等多个方面内容，是乡村振兴的重要体现，凸显了乡村精神文明建设的成果，体现了先进文化生产力发展要求，具有时代性、精神性、法治性、健康性、先进性、引领性、文明性的特点。

2. 党中央高度重视乡风文明建设 2005 年 10 月，党的十六届五中全会指出社会主义新农村建设的要求之一是加强乡风文明建设，首次将“乡风”“文明”合起来作为一个整体概念。党的十九大报告提出实施乡村振兴战略，指出乡风文明是乡村振兴的灵魂和保障，在乡村振兴中具有重要作用。2018 年 5 月《山东省乡村振兴战略规划（2018—2022 年）》提出：持续开展乡村文明行动、强化乡村公共文化服务、弘扬乡村优秀传统文化，通过山东乡风文明建设焕发齐鲁乡村文明新气象。2018 年 9 月中共中央、国务院

印发《乡村振兴战略规划（2018—2022年）》，明确了乡风文明建设的目标要求和实践路径，为乡风文明建设提供了根本遵循。2021年国家出台《乡村振兴促进法》，以法治手段、法治保障推动乡村振兴，努力解决城乡发展不平衡、农村发展不充分的问题，解决农村文化建设历史欠账多的问题，让改革发展红利惠及广大农民群众，让农民群众共享改革发展成果，满足人民群众对美好生活的新期盼，共同走上富裕道路。在物质文明建设取得伟大成就的同时，大力推进精神文明建设，高点定位、高标准建设、高质量发展，运用互联网、大数据、云技术、5G技术等现代技术和手段，不断满足人民群众的精神文化需求，营造乡村良好发展的文化环境、生态环境、人才环境、产业环境、组织环境，因地制宜加快乡村建设发展，走特色化、差异化、高质量发展之路，建设美丽宜居乡村，实现农村美、农业强、农民富，让文明之花在农村盛放，让文明之风滋润农民心田。

三、乡风文明建设创新实践与发展成效

（一）解决了谁来抓，抓什么，怎么抓的问题

谁来抓？坚持五级书记抓乡村振兴，让乡村振兴成为全党全社会的共同行动。把实施乡村振兴战略摆在优先位置，从中央层面，实行中央统筹、省负总责、市县抓落实的工作机制。从省市县乡村层面，建立实施乡村振兴战略领导责任制，上下配套联动，党政一把手是第一责任人，五级书记抓乡村振兴。

抓什么？五级书记抓乡村振兴，包括乡村文化振兴、产业振兴、生态振兴、人才振兴、组织振兴。其中乡村文化振兴在乡村振兴中起着至关重要的作用。乡村文化振兴，重点在于推进乡村精神文明建设向纵深发展，切实改善农民精神风貌，不断提高乡村社会文明程度，努力焕发乡村文明新气象，积极打造乡村文化建设、文明建设新高地，繁荣和发展中国特色社会主义乡村文化，不断满足人民群众对精神文化的新需求。

怎么抓？实施乡村振兴“一把手工程”，把乡村文化振兴作为

“一把手工程”来抓。雁飞千里靠头雁，群众跟着干部干。坚持一把手总负责，让任务明起来、将责任担起来、使措施实起来，形成五级书记抓乡村振兴的生动局面。必须在乡村文化建设上求实效、开新局、促发展，坚持把党管农村工作的要求落到实处，深入推动乡村文化建设扎实开展，切实取得实实在在的成效。

（二）菏泽市乡村文化建设的创新实践

1. 科学制定菏泽市乡村文化振兴工作方案 根据中央、山东省乡村文化振兴规划，结合菏泽市实际制定菏泽市乡村文化振兴工作方案。围绕乡村“五个振兴”成立5个工作专班，实行专班工作法。乡村文化振兴工作专班在市委领导下，制定菏泽市乡村文化振兴工作方案，探索菏泽市乡村文化建设、文明乡村建设的好做法、好经验，抓好方案的落实落地工作。各县区结合本地实际，大力实施乡村文化建设，以文化建设引领菏泽乡村振兴高质量发展，实现科学发展，后来居上。

2. 积极搭建菏泽乡村文化振兴的实践平台 大力推进新时代文明实践站建设，既注重量的扩展，又注重质的提升。全市建设新时代文明实践站实现乡村全覆盖；紧紧围绕举旗帜、聚民心、育新人、兴文化、展形象的使命任务，着力推进乡村文化振兴工作，培育文明乡风、良好家风、淳朴民风，乡村文化建设不断深化，社会文明程度不断提升。

3. 创新实践平台和路径，让乡村文明之花遍地开放

（1）实施新时代文明实践工程，培育文明乡风。深化拓展新时代文明实践建设。完善制度，健全体系。调整充实市、县、镇、村新时代文明实践中心和志愿服务队组成人员，制定市、县、镇、村四级党组织书记重点责任清单和新时代文明实践重点项目清单，推行清单化、项目化。完善联系帮包机制，将文明实践工作纳入市级领导联系县区工作内容，纳入市委宣传部和文化相关单位联系内容，定期联系、调研指导和督促落实，推动新时代文明实践各项工作落地见效。提档升级，延伸阵地。对各镇村实践站（所）全面提档升级，进一步加强内涵建设，逐步完善软硬件条件，不断向群众延伸，家庭实践站覆盖面逐步扩大。继续加强乡村家庭站和积分超市的挂牌建设，并发挥其积极作用，不断扩大其覆盖面。整合多方资源，深化文明创建活动。围绕“五为”“五聚”，成立专业志愿服务队，打造一元剧场、护学岗、幸福来敲门、菏你同行、小手牵大手等多个不同志愿服务品牌项目，开展理论宣讲、环境保护、卫生健康等志愿服务活动，并使之常态化、制度化、科学化。通过各级志愿服务活动惠及群众，营造良好的文明氛围。大力倡树美德健康生活方式。制定实施方案，成立新时代美德健康生活方式志愿服务队，组建美德健康生活方式宣讲团，开设美德健康生活方式云课堂，组织开展美德健康生活方式“讲、做、乐、评、秀”活动。

（2）着力推进移风易俗工作。制发《关于在乡村倡导开展“反对浪费、文明办事”移风易俗行动的工作方案》，将移风易俗纳入文明实践四级党组织书记重点任务清单，明确党政一把手责任，将移风易俗工作作为评选文明县、文明单位、文明乡镇、文明乡村、文明家庭的前置条件，推动移风易俗工作常态长效。紧抓火化殡葬改革不放松，倡导、落实文明殡葬。深入实施家风村风建设。举办“新农村新生活新农民培训暨巾帼家政技能培训”进乡村、《中华人民共和国家庭教育促进法》进万家、“亲子共沐书香 强国复兴有我”阅读活动、庆“三八”健康知识讲座暨廉洁家风宣传等教育活动，发放家庭教育促进法宣传手册。利用微信、公众号及时宣传好的经验做法及美丽庭院典型事迹。

（3）实施文化惠民工程，拓展公共文化服务。坚持不懈抓好基层公共文化服务阵地建设。对各镇街综合文化站和村基层综合性文化服务中心开展专项治理，提升基层公共文化服务效能。广泛开展各类基层群众性文化活动。开展送文化下乡、送戏下乡活动。开展“我们的中国梦——文化进万家”群众文化艺术节、“古韵传承”“国花颂歌”线上展演等群众性文化活动，不断丰富基层群众的精神文化生活。促进“乡村题材”文艺精品创作繁荣发展。排练传统豫剧《三娘教子》《哑女告状》等作品。结合新冠肺炎疫情防控工作，组织专业人员先后创作《战疫先锋》《抗击疫情，与你同在》

《病毒无情人有情》等十余部抗疫宣传视频，举办抗疫宣传美术作品展、抗疫宣传书法作品展。组织演员围绕二十四节气传统文化编排短视频，进一步传承和弘扬中华优秀传统文化。

（4）实施铸魂强农工程，凝聚乡村正能量。学习贯彻习近平新时代中国特色社会主义思想主题教育。组织理论宣讲志愿者赴辖区内实践站开展以“理论宣讲进基层 党的理论沁心田”为主题的理论宣讲、开展志愿“云宣讲”等活动。组织开展“中国梦·新时代·新征程”百姓宣讲活动。深入实施四德工程。全面启动四德榜和社会主义核心价值观宣传栏建设工作，分阶段逐项推进落实。依托四德榜建设，以村（社区）为单位，积极组织开展“孝老爱亲、诚实守信、助人为乐、见义勇为”等四德典型评选活动，弘扬传统美德，涵育优良家风。

（5）实施乡村文化人才培育工程，壮大文化队伍。加强农村基层文化骨干人才的培育。举办“千村万人”乡土人才培训，实现乡镇村文化人才全覆盖，惠及业余群众性表演团队和基层文艺人才。推动农村文艺组织建设。建立农村老年人文化协会、农村舞蹈队、农民文艺协会等，提升基层群众自愿组织开展文化活动的积极性。

（6）实施优秀传统文化传承发展工程，传承红色基因。以传统文化为根基，推进“曹县手造”工程产品化、产业化，将非物质文化遗产、传统工艺紧密融入现代生活。积极组织申报国家级、省级非物质文化遗产名录保护体系。实施了郑庄街道孔道口村孔庆嘉烈士纪念碑碑亭修缮、徐继孺故居修缮等工程，开展了阎店楼镇汤陵遗址考古调查勘探工作、韩集镇付庄村鲁西银行印钞所旧址抢救性维修保护工程，有效改善了革命旧址、古建筑的保存状况和周边环境。传承红色基因，以红色革命历史为主题，新创现代革命小戏《支前》，韩集镇刘岗村成功创建第一批山东省红色文化特色村。将鲁西南烈士陵园巨野核桃园镇前王庄村打造成为爱国主义教育基地、党史学习教育基地和关心下一代教育基地。

四、乡村文化振兴推进中存在的问题

乡风文明是乡村文化振兴的重要内容，既需要加强顶层设计，进行科学规划，突出规划的引领性，又需要有序推进，聚力积极创新实践和长期的时间积淀。党的十九大提出乡村振兴战略，山东积极打造乡村振兴齐鲁样板，有效开展乡村文化、乡风文明建设，乡村文化建设不断加强，农民整体素质得到提升，农村社会风气向上、向善、向好，农民精气神发生很大变化，乡村文化建设站在一个新的起点上。同时，在乡村文化振兴、乡风文明建设过程中出现了一些问题，主要表现在以下方面：

（一）乡村实践站专管员力量相对薄弱

村干部普遍年龄偏大，文化水平有限，缺乏对文明实践工作的深入理解和准确把握。各镇村因经济基础不同，整合资源水平参差不齐，导致建设质量差距较大，功能发挥程度不尽相同。有些功能室在实际开展活动时未能被合理利用。

（二）戏曲演艺专业人员尤其是青年专业人员亟须补充

戏曲演艺人员普遍年龄结构老化，急需补充专业技术人员，尤其是青年专业人员，避免专业人员青黄不接、出现断层。文化建设资金不足，乡镇综合文化站、村综合文化服务中心管理运行经费不足，需要加大资金投入，吸引更多人才。

（三）移风易俗需要进一步推进和落实

2019 年 9 月和 2020 年 5 月农业农村部、民政部等先后印发《关于进一步推进移风易俗建设文明乡风的指导意见》《关于开展婚俗改革试点工作的指导意见》，要求去除与新时代不相符的落后的不文明的风俗习惯，倡树新时代文明新风。在移风易俗工作中，各地都制定了移风易俗工作实施方案，但由于乡村“爱面子、爱攀比”的思想观念根深蒂固，有的理事会成员碍于乡邻情面，无法合理发挥理事会作用，移风易俗任重道远。为此，需进一步提高思想认识，统一思想观念，按照新时代乡村文化振兴的要求，找差距、补短板，思想和行动统一，遵守乡村文化振兴要求、乡村文明建设要求。

（四）乡村文化平台创建不平衡

受条件、资源、区位等诸多因素影响，文化平台建设发展很不平衡、镇村之间“美丽庭院”创建工作很不平衡，“五无五有五净”标准常态保持难度大，特别是农忙时节柴堆、农具乱堆乱放的现象比较严重。离高标准、严要求、精准化推进乡村文化建设还有一定差距，乡村文化平台创建需统筹兼顾、持续发力、久久为功。

（五）对农民的思想道德教育需要进一步加强

在市场经济大环境影响下，农民作为乡风文明建设中的主体，受功利主义、拜金主义的渗透和影响，某些农民出现了“思想道德失范”现象。有些农民的思想观念、价值取向与社会主义核心价值观存在偏差。我国农村实行家庭联产承包责任制以来，由从前的集体劳动变为家庭个人劳动，农民的思想开始出现变化，某些农民出现了“道德滑坡”现象。党的十九大之后，乡村文化建设被纳入党中央重要议事日程，党高度重视乡村振兴工作，乡风文明建设迎来新的起点。由于农村地域广阔、人文差异较大，乡村文化建设存在发展不平衡问题。有的乡村对精神文明建设工作投入力度不够。有的乡村干部缺乏长远发展眼光，重经济建设轻思想道德建设，没有真正实现文化建设与经济建设的融合发展，满足于眼前利益，忽视了群众精神层面的需求，缺乏激发群众激情的内生动力。

（六）农村公共文化体系需要进一步健全

党的十八届三中全会提出了“加快构建现代公共文化服务体系，促进基本公共文化服务标准化、均等化”的改革任务目标。省、市、县、镇、村认真贯彻落实中央决策部署，不断深化农村公共文化体系建设，着力提升公共服务效能，大力开展文化旅游惠民工程，深化文化旅游与乡村振兴有机对接，取得显著成效。在实施乡村文化振兴过程中，在公共文化供给方面仍然存在一些问题，主要表现在投入和管理有断层。有的乡村集体经济薄弱，造成软件设施无法及时跟进或者及时更新。有的文化场馆运行存在供需失衡问题。在高素质农民培育中多数地区偏重于产业技能培训，缺乏文化涵养课程的设置，公共文化产品供应单一，文化中心作用发挥不够，文化引领力作用还存在不足。

五、提升乡村文化振兴的实践路径

以乡村文化振兴为抓手，促进乡村全面振兴，打造乡村振兴齐鲁样板，为全国乡村文化振兴提供山东智慧、山东方案，探索新路。

（一）坚持文化引领，提升文化传播力

1. 坚持文化引领　科学规划乡村文化振兴行动方案，坚持文化振兴促乡村振兴，用先进文化武装思想、引领行动，凝聚起农民群众的精气神，汇聚起建设美丽乡村、推动乡村振兴的强大思想动力。党委、政府要加强顶层设计，针对提高农民的整体文化素质，既要立足当前，制定短期培训规划，又要着眼长远，制定长期培训规划，拓宽培训渠道，增强培训效果。宣传部作为文化建设牵头部门，可联合农业农村、乡村振兴等部门举办高素质农民培训，开发文化课程，安排专门课时进行文化培训，培育内容力求生动、鲜活，要体现教育性、示范性、引领性。要注重发掘总结农民身边的鲜活事例、先进典型案例，从群众的思想实际出发，做到讲道理与讲故事相结合，用身边人和身边事教育群众、感染群众、影响群众、引导群众。积极开展好婆婆、好媳妇、最美家庭、最美农民等评选活动，注重总结提炼新时代农民先进模范人物，引导广大村民崇德向善，建设良好乡风、良好家风、良好民风。依托高校音乐舞蹈、历史文化、新闻传播等学科专业，发挥高校文化建设优势，开展文化下乡活动，对农民进行社会思潮和宗教等方面讲解辨析，正本清源，把国学普及、礼乐教化、道德实践等文化涵育活动融入日常生活，使先进文化占领乡村阵地，巩固和壮大乡村意识形态阵地。

2. 坚持方式方法创新　聚焦文化宣传和普及，创新方式方法。山东省农村网络覆盖率达到99.9%，市县镇党委、政府应依托微信公众号、微博、腾讯课堂等新媒体优势载体，宣传梳理各地文化

资源，采取符合农民特点的方式方法。针对农民外出务工群体，通过接入“齐鲁文化云”电脑端、移动端等进行全媒体推送，了解乡村发展。选准有利时机，针对秋收、春节等农民回乡聚集的时间段，在人员聚集区建设“24小时书房”“电子阅报机”“文化器材共享机”等服务点，提供内容丰富、优质的文化产品。加强对返乡农民的思想、文化宣传教育，推进社会主义核心价值观融入田间地头，先进文化进入外出务工返乡人员头脑，推进新时代新人培育工程，用乡村文明新风滋润心田、温暖人心、武装头脑、指导实践，更好发挥教化育人功能。

（二）加强公共文化平台建设，提升文化服务供给力

1. 不断加强公共文化平台建设 根据山东省乡村文化振兴工作方案，各地结合本地实际需求，发挥地方文化特色优势，多措并举筹集资金，加强平台硬件建设。充分考虑平台便民性、利用率、使用效益，统筹协调公共文化的种类、数量、规模、选址、布局，按照整合资源、提高效益的原则，重点建设文化中心、纪念馆、村史馆等，作为社会主义核心价值观教育、优秀传统文化教育等活动基地。

2. 完善公共文化服务体系 突出便民性、服务性原则，设立“县乡村20分钟文化服务圈”，群众步行20分钟就能到达村级文化服务中心，乘坐交通工具20分钟就能到达县、乡、镇文化场馆。在文化服务中心，群众可以选择喜欢的电影、民歌、舞蹈、戏曲等高水平文化作品、文化精品，实现送文化下乡，体现精准文化服务，满足群众需求，贴近群众实际。实行专职人员专门负责制，加强公共文化设施平台规范运行管理，不断提升服务质量和服务效能，实现文化资源使用效益、利用效率最大化。

（三）加强党组织的文化引领，增强其文化凝聚力

1. 基层党组织要强化理论武装 认真贯彻落实乡村振兴战略的精神实质和核心要义，把握其精神精髓，锚定走在前、开新局，以先进思想文化引领乡村文化建设，为乡村文化振兴提供坚强保障。

2. 打造具有乡土特色的乡村文化振兴样板　瞄准群众文化需求，立足本地乡土特色，融入优秀先进文化元素，传统与现代相融合，坚持融入、嫁接、改造、提升原则，充分挖掘与整理本土乡村文化的丰富内涵与鲜明特征，突出本土性、乡域性、文明性、教育性、引导性、示范性、典型性、特色性、政治性、时代性、先进性，避免出现美丽乡村建设的同质化，实现本土农村优秀传统文化在继承与传承中发展，在发展中创新。

3. 聚焦文化产品价值开发和实践应用　挖掘文化产品价值，延伸文化产业价值链。政府应出台激励政策，鼓励企事业单位、社会团体或个人，依托本地文化资源或者非物质文化遗产，开发文化的衍生产品，发展壮大文化产业，进一步提高文化衍生产品的商品价值、经济价值、生态价值、文化价值，实现经济价值与文化价值相互支撑、互惠共赢。例如菏泽市巨野县的农民工笔画产业解决就业问题，上下游产业年销售额超亿元，促进了巨野书画产业发展，形成了巨野工笔画特色文化产业，书画文化品牌效益不断凸显，成为菏泽文化发展的一张靓丽名片，成为推动菏泽乡村文化振兴的重要力量。文化建设形式多种多样，既可输出，也可输入。建立健全供需对接制度，政府也可采取购买涉农文艺节目或推行“菜单式”“订单式”等政策，了解群众文化需求，因需定单、因需购买文化服务，有效解决农民文化需求与供给之间的矛盾，最大限度满足群众对不同文化形式的需求，更好地提升优秀传统文化的传播效果，更好地发挥优秀文化作品的引领力、凝聚力、感染力，更好地实现优秀文化作品的推广、传播、辐射、带动作用，更好地鼓舞人、教育人，弘扬主旋律、释放正能量，产生良好的文化效益、社会效益。

（四）实施人才分类培养，提升文化服务力

发挥文化人才的特长，引导文艺创作向高质量方向发展，提升优秀传统文化传播力，提高文化服务力。

1. 突出专业文化人才培养，加强专业文化人才队伍建设　制定专业文化人才队伍建设工作方案，依据乡村文化平台建设发展规

划和文化事业可持续发展需要，做到专业文化人才培养和引进并重，既要注重针对性开展专业文化人才培养培训，又要注重吸引专业性大、中专毕业生到专业文化队伍中来，通过不断加强专业文化人才队伍建设，更好地满足文化事业发展需求。依托专业文化人才队伍，聚焦农耕文明、乡风民俗、红色基因、乡土元素、特色资源等优秀传统文化进行深入挖掘研究，创作一批齐鲁文化精品成果，形成一批齐鲁文化高端品牌，推动文化创作百花齐放、百家争鸣，树立鲜明的文艺创作方向，实现乡村文化的繁荣昌盛和高质量发展，进一步提高人才支撑力、创新力，进一步增强乡村文化服务力和服务效能，助推乡村文化振兴高质量发展。

2. 突出乡土文化能人培养，加强乡土文化能人队伍建设 乡土文化能人是推动乡村文化振兴的宝贵人才资源，是推动乡村文化振兴不可或缺的力量。党委、政府应出台相应优惠支持政策，扶持当地有艺术特长、扎根基层的民间文化传承人、非物质文化遗产项目传承人，积极发展文化产业，培育打造乡村文化和旅游能人。注重文化能人的传帮带作用，尤其重视对中青年人的传帮带，留住乡土文化人才的根，防止文化能人出现断档、断层，带动当地文化产业发展。激发乡村文化振兴活力。在村庄组成志愿者团队，开展日常性宣讲活动，传播党的声音，讲好乡村故事，开展乡村文化志愿服务，激发乡村文化内生动力。山东省菏泽市实施“十百千”工程，开展“十佳基层文化人才”“百佳基层文艺队伍”“千名基层文艺骨干”评选，打造了一支精干高效的基层文化人才队伍，自创自编一批高质量文化戏曲精品节目，在乡村文化建设中发挥了重要作用。

（五）抓好村规民约的落实，增强村规民约约束力

1. 依法依规修订完善村规民约，抓好村规民约的落实 根据上级关于开展移风易俗的通知精神，将移风易俗事项纳入村规民约，作为乡村文明建设的重要内容和考核指标。科学制定符合本村乡土实际、操作性强的婚丧嫁娶标准，统一规范婚丧嫁娶。在具体操作层面，要加强宣传教育，统一思想认识。签订移风易俗承诺

书，使每位村民成为移风易俗的知晓者、参与者、践行者、维护者。要在落实上下功夫。以社会主义核心价值观为遵循，以村规民约为抓手，以移风易俗、杜绝大操大办为重要切入点，充分发挥红白理事会的作用，教育引导群众进行自我管理、自我教育、自我约束。落实好村规民约，既有利于维护群众当前利益，又有利于乡村文明建设长远发展。对于全面实现乡村振兴意义重大。

2. 加强村党组织对红白理事会的领导，以党风带民风　充分发挥村党组织战斗堡垒作用，增强党组织的凝聚力、向心力、感召力，确保党的路线方针政策在农村贯彻落实，在农村落地生根。加强村党组织对红白理事会的领导，坚持党员干部带头，发挥好党员的先锋模范带头作用。加强红白理事会建设，指导监督本村婚丧喜庆事宜。党员干部要带头自觉抵制婚丧陋习，从自我做起，做移风易俗的宣传者、带头者、落实者，以党风引领民风，促使社会风气向上向善转变，建设良好文明乡风。村党支部要组织开展良好家风创建活动。以各类文明创建活动为抓手，引导广大农民传承良好家风，涵养朴实民风，养成科学、文明、健康生活方式，实现乡风文明，推动乡村文化振兴。

3

第三章 乡村生态振兴实践探索

促进乡村生态振兴是乡村振兴的重点，是乡村建设的重要内核和发展方向，对于推进我国生态文明建设、推动经济社会可持续发展意义重大。

绿色低碳经济、循环经济既是全球共同关注的重大问题，也是当今和未来世界经济发展的必然趋势。2009 年召开的中央经济工作会议指出：综合国际、国内经济形势看，转变经济发展方式已刻不容缓。党的十八大把生态文明建设纳入了中国特色社会主义事业“五位一体”的总布局，更加彰显了生态文明建设的重要性。大力发展低碳经济、循环经济，是推动经济转方式、调结构的重要着力点，是建设环境友好型、资源节约型、生态文明型社会的重要举措，是实现经济社会可持续发展与资源环境共赢的最佳途径，也是推动可持续发展、和谐发展、又好又快发展和适应经济发展新常态的优选模式，同时也是转变经济发展方式、推动经济转型升级、打造经济升级版的战略性选择。

第一节 绿色低碳经济、循环经济产生的历史和现实背景

从世界范围来看，由于高污染、高排放、资源高消耗的传统工业化生产模式、线性经济发展模式，导致了生态环境被严重破坏，给人们的生存带来严峻挑战。为此，改善人们赖以生存的环境既是

各国共同关注的重大问题，也是一项世界性课题。从历史发展来看，低碳经济、循环经济的产生，反映出人们因气候变化对人类生存环境的焦虑和担忧，体现了人们对美好生存环境的新期待。2007年7月，美国参议院提出了《低碳经济法案》，其目的是在于通过发展新能源和建立碳交易市场，积极打造低碳技术竞争新优势。2008年7月，日本政府学习西方国家的经济与环境发展理念，倡导建立低碳型社会，制定并颁布了日本低碳社会行动计划草案。2007年9月8日，胡锦涛在亚太经合会议上提出了四项低碳发展建议，表明了中国发展低碳经济的态度和决心，体现了我国发展低碳经济的理念和行动。2008年6月27日，胡锦涛指出要大力发展循环经济、低碳经济，认真落实控制温室气体排放的措施，坚持实施节约资源和保护环境的基本国策 。党的十八大把生态文明建设纳入了“五位一体”的总布局，提出协调推进物质文明、精神文明、政治文明、社会文明、生态文明建设。党的十八大以来，习近平同志从中国特色社会主义事业五位一体总布局的战略高度，对生态文明建设提出了一系列新思想、新观点、新论断，提出加快生态文明建设，着力打造美丽家园，实现中国梦。循环经济是在总结和汲取我国传统经济发展模式所造成的资源短缺和环境高污染的深刻教训基础上提出的，是提高人民幸福生活的重要举措，是实现中国梦的必然选择。自工业革命以来，西方国家的工业化发展模式消耗了大量的高碳化石能源，造成了愈来愈严峻的全球气候变化问题，导致大气中二氧化碳浓度不断增加，出现了全球气候变暖现象。全球气候变化造成了一系列严重后果，主要有：导致农业生产的不稳定性增加，气象灾害造成的农牧业损失加大；我国水资源问题日益严峻；对我国重大工程安全运行的风险加大；对自然生态系统和经济社会的影响会更严重等。气候变化对我国经济社会发展已经带来十分明显的现实威胁，将持续并不断加剧。我国主要以石油、煤炭和天然气等化石燃料为能源，尤其是煤炭在一次能源消费结构中的比重高达70％。这种典型的碳基能源经济，使我国经济和能源结构的高碳特征非常突出，二氧化碳排放强度相对较高，对环境的污染相应比较严重。我国粮食生产尽管实现了连续增长，但农药、化肥、水污染等问题突出，农村环境问题、土壤污染问题日趋严重；危险废物、汽车尾气、持久性有机污染物等污染持续增加；我国资源能源形势也异常严峻，问题主要是过度消耗。生态破坏问题十分严重，草原不同程度出现退化，许多河流的水生态功能严重失调，生物多样性减少，一些重要的生态区生态功能不断退化。改革开放以来，我国经济高速增长，经济建设成就举世瞩目。2008 年我国的 GDP 已达到 30 万亿人民币，经济总量现在在世界排名第三，仅次于美国与日本。2010 年超过日本，成为世界第二大经济体。经济总量的增加，必然会加大对资源的需求，当然也会给环境带来巨大的压力，尤其是在我国经济增长的同时资源高消耗与环境高污染问题非常严重的情况下，伴随着我国经济总量扩大和人口的不断增加，土地、矿产、能源、淡水等战略性资源不足的矛盾愈加突出，环境污染的问题将更加严重。在国际、国内经济环境发生重大变化的今天，要破解制约我国经济社会发展的环境与能源瓶颈，就必须走发展低碳经济、循环经济之路，认真贯彻落实节约资源和保护环境的基本国策，以较小的资源环境代价，赢得较快、更长久的发展，实现人与自然和谐相处，走生产发展、生态文明、生活富裕、人民幸福的可持续发展道路，建设资源节约型、环境友好型、生态文明型社会。

第二节　低碳经济、循环经济体现了经济发展的正能量

1. 低碳经济、循环经济是优化经济发展模式的最佳选择　低碳经济的显著特征是实施能源的高效利用、实现清洁能源开发、追求绿色 GDP，核心内涵是减排技术和能源技术创新、产业结构的优化升级和制度创新以及人类生存发展观念的根本性转变，最终实现经济发展模式的变革。低碳经济是一种绿色生态经济，是低碳产业、低碳技术、低碳生活等经济形态的总称，是一场深刻的能源经

济革命。它贯穿于包括生产、分配、交换、消费的社会再生产全过程的各个环节，体现了经济活动低碳化和生态文明观念，最大限度减少二氧化碳排放量或实现零排放，获得最大的生态效益，形成低碳能源和无碳能源的国民经济体系，实现清洁发展、绿色发展、可持续发展、科学发展。低碳经济是一种文明、进步的发展模式，是经济发展方式的一种转型方向，是当今经济发展的一种新常态，是人类社会继农业文明、工业文明之后的又一次重大进步。在经济发展和社会进步的过程中，经济活动会受到市场经济规律和生态规律的双重制约。积极稳妥地推进生态文明建设，深入持续地开展城乡清洁工程和城乡风貌改造工程，积极营造良好的生态环境和舒适的生活环境，不断改善环境质量和人居条件，让改革发展成果惠及人民群众，基本形成节约能源和保护生态环境的发展理念、产业结构、增长方式、消费模式，既是生态文明建设的出发点和落脚点，也是建设小康社会的内在要求，同时也是提高人民群众幸福感的迫切需要。生态文明主张生产方式向“低投入、高产出、低污染”转变，以“减量化、再利用、资源化”为原则，做到废物最小化、资源无害化，发展循环化。发展低碳经济、循环经济，是社会进步、经济发展的迫切要求，是推动我国经济发展由高碳能源经济向低碳与无碳能源经济进行根本性转变的重大举措，是调结构、转方式以及实现我国经济科学发展、和谐发展、绿色发展、低代价发展的战略性选择，体现了以人为本、全面协调可持续发展的科学发展观的内在要求。发展低碳经济、循环经济既能造福人民，又能对全球生态文明建设作出重大贡献，有利于实现经济发展方式的根本性转变，是一条环境污染少、资源消耗低、科技含量高、经济效益好、人力资源得到充分发挥的新型工业化发展之路，是未来各国产业革命发展的主要方向。

2. 低碳经济、循环经济是推动我国经济发展的内在驱动力

发展低碳经济、循环经济是我国经济领域的一场深刻革命，是激活经济发展活力的重要驱动力和内生力。把发展绿色、低碳技术及其产业化作为突破口，是加快经济发展方式转变和经济结构调整的重要途径和着力点，是推动我国经济科学发展的重大战略举措。当前，我国能源的瓶颈效应日益明显，对外依存度较高。我国已进入只有调整经济结构、转变经济发展方式才能促进经济持续健康发展的关键时期。为此，必须改变资源高消耗、环境高污染的经济发展方式，实现经济发展模式由传统的线性经济向低碳经济、循环经济的转变。发展低碳经济、循环经济是我国经济社会可持续发展的现实需要，核心在于产业结构、能源结构和消费结构的调整，关键在于政策法规的支持与扶植、合理的利益调节机制、科技创新的支撑和市场的调节。我国能否在未来几十年里走在世界前列，引领世界发展，实现蓝天净水、生态文明家园的目标，很大程度上取决于对低碳经济发展的调整能力和发展循环经济的能力。为此，我们必须采取行之有效的措施，培养低碳专业技术人才，科学构建低碳能源系统、低碳技术体系和低碳产业结构，建立与低碳发展相适应的生产方式、生活习惯、消费模式，制定和实施有利于低碳发展的国际国内政策、法律体系和市场机制，实现由高碳时代向低碳时代的跨越。传统的急功近利式的发展模式，不仅破坏了自然环境，而且也逐渐缩小了人类的生存空间，导致了人类生存危机；国内外经验表明，节约资源的发展方式和蓝天碧水、山川秀美的生态环境正在成为新的竞争优势。节约资源就是造福后代，节约资源就是增强发展后劲，保护环境就是保护人类赖以生存的家园，保护环境就是保护生产力。生态文明与野蛮开发相对立，面对资源枯竭、环境污染、生态恶化等工业革命带来的严峻挑战，其根本途径是转变获取生活资料的方式，用更文明的态度对待自然，用更理性的方式发展经济，把经济活动对自然环境的影响降低到尽可能小的程度，实现人与自然、人与社会互惠共生、协调发展。生态文明是现代工业高度发展阶段的产物，其产生和发展具有必然的历史演进轨迹，即人类原始文明、农耕文明、工业文明、后工业文明、生态文明。从对大自然的掠夺型、征服型和污染型的工业文明走向环境友好型、协调型、恢复型、保护型的生态文明，是革命性的变化和进步，这既是人类历史发展的被迫之举，也是由“自在”走向“自为”的明智之举。中国生态农业在20世纪70年代末至80年代初提出，是在中国实际条件下农业持续发展的最佳实践模式，体现了“整体、协调、循环、再生”的原则，通过物质循环、能量多层次综合利用和废物资源化利用，推动农业高产优质高效持续发展，实现生态与经济两个系统的良性循环。在人类社会发展的历史进程中，社会生产获取生活资料的方式决定了经济发展模式可分为自然经济、线性经济、循环经济，污染治理的方式是自然净化、末端治理、全过程治理。低碳经济、循环经济与生态文明建设相互依存、互为转化，其核心价值导向是在开发利用资源、发展经济时，必须尊重自然规律、经济规律、生态规律，更加注重以可持续的方式利用再生资源，实现经济持续、生态持续和社会持续，实现经济—自然—社会复合系统的有机统一和持续、稳定、协调、健康发展。

第三节　发展我国低碳经济、循环经济的措施

1. 积极发展低碳经济、循环经济，树立全新的发展理念　低碳经济、循环经济社会是通过消费理念和生活方式的转变，致力于在生产建设、社会发展和人民生活领域控制和减少资源的过度利用，构建可持续发展的社会。由于西方国家认识早、起步早，普遍走在了发展低碳和循环经济的前面，并逐渐成为政治外交牌。对于需要长期保持经济高增长的发展中大国来说，建设低碳、循环经济社会任重而道远。低碳经济、循环经济既是一种经济发展方式，也是一种生活方式。要从科学发展观的战略高度，从经济社会可持续发展的战略高度，从实现党的十八大提出的生态文明建设目标的战略高度，把低碳、循环经济理念变为全社会的主流共识，把低碳法规、循环经济法规的实施作为城乡社会生产和生活的头等大事抓紧抓实，并逐步成为行为自觉和生活习惯。在农村，要大力推广沼气使用和节柴改灶、改圈、改厕，积极推广对太阳能、秸秆等优质能源利用方式；在城镇，要大力发展公共交通、建立公共自行车交通

体系，要以推行节约型生活方式为重点，从细节上培养良好生活习惯。积极倡导并推广应用低碳、循环经济生产模式、生活方式，养成文明、节俭的绿色生活方式和习惯。

2. 认真贯彻落实《中华人民共和国循环经济促进法》 近年来，我国制定出台了一系列法律法规，如《中华人民共和国清洁生产促进法》《中华人民共和国循环经济促进法》等，2009 年 1 月 1 日起《中华人民共和国循环经济促进法》正式施行，相关配套规范性文件的制定出台也已提上了议事日程。强化清洁能源、低碳能源开发和利用的法律法规和政策，为发展中国特色社会主义经济提供了制度保障。要按照法律规定完善宏观调控，加快调整产业结构，加大对节能减排和循环经济的支持力度，强化对高能耗、高水耗企业的监督管理，强化产业政策的规范和引导。坚持减量化优先的原则，着力解决能耗高、污染重、影响循环经济发展的重大问题，认真实行法律责任追究制度。充分发挥循环经济的积极作用，把循环经济贯穿于生产、建设、流通、消费等各个环节，工业、农业、交通运输、建筑、服务等各个领域，形成推进循环经济发展的强大合力。在城乡建设、交通、建筑、消费等社会管理领域，营造促进低碳生活的制度体系。

3. 科学规划，逐步推进，统筹城乡协调发展 科学制定和完善能源总体规划及不可再生能源、可再生能源和新能源专项规划，把加快实施低碳经济、循环经济发展纳入国家顶层设计的战略与规划，全面贯彻落实科学发展观，不断推进低碳经济、循环经济向实践层面拓展。一方面，引导现有企业加快技术改造步伐，深入开展节能减排，大力发展能源资源开发利用技术，特别是高碳能源低碳化利用技术、新能源开发利用技术和生态环境保护技术，依靠科技上的重大突破和创新，加快推进传统产业的技术改造和升级，提升产业层次和聚集度，切实改变过去依靠高投入、高消耗支撑经济增长的方式。另一方面，积极发展高新技术产业，按照循环利用、互惠共赢、生态文明的原则，通过多措并举，积极引进和建设与现有企业配套互补的企业和项目，实现企业间资源的循环利用，努力实现园区内废物的零排放，形成比较完整的闭合工业生产链条和工业生态系统。积极应用新的低碳环保、循环经济、生态建设等前瞻性技术，建设生态城市和与之相适应的产业结构。在农业发展上，坚持标准的规范性、技术的先进性、产出的高效性、资源的循环性、生产的惠民性、发展的可持续性原则，落实严格的耕地保护和严格的节约用地“两个制度”，运用好价格和补贴“两个杠杆”，强化科技进步和农田基本建设“两个手段”，大力优化农业内部结构，推进农业科技和制度创新，提高农业科技贡献率。改变集约化农业在经济发展的过程中带来的资源衰竭、环境污染、能源损耗、生态破坏的一系列严重问题。大力发展生态农业、特色农业和旅游观光农业，大力发展现代绿色农业技术、健康技术和安全技术，大力发展高产、优质、高效、高端、安全的现代生态农业，大力实施农业标准化生产、农业产业化生产、农业合作性生产、农业生态化生产，循环利用农业废弃物，实施秸秆还田技术、滴灌喷灌技术，使用堆肥、有机肥、生物病虫害防治技术，禁止使用含过量有毒有害物质的农药、化肥和除草剂等，大力发展有机生态农业，既有利于克服国外非关税壁垒，提高农产品的国际市场竞争能力，促进农民持续增收，也有利于实现社会效益、生态效益和经济效益的有机统一。加大农村环境综合整治力度，切实改善农村环境质量。加快推进农产品精深加工，不断拉伸产业链条，努力提高农产品商品率、效益率。发展循环经济是一项系统工程，要由点到线，由线到面，逐步推进，不断深化，使资源得到最佳配置和利用。

4. 强化政府服务职责，积极做好协调、引导和服务 政府各部门都要认真转变职能，增强调控的综合性，积极推进经济产业结构调整，全面提升能源技术水平，全面合理发展再生能源，使可再生能源在一次能源中占据重要位置；通过层层分解节能减排指标，严格实施奖惩考核办法，实行责任追究制，推动地方政府和企业实施；制定和实施政府机构能耗使用定额标准和用能支出标准，实施政府内部日常管理节能细则，推行政府节能采购。加强对大宗工业废弃物资源的深度开发和综合利用；加大研发投入，不断提高自主创新、自主攻关和开发利用核心技术的能力；对制约资源节约的重大装备、关键技术、工艺流程开展重点攻关、集中解决；对资源再生技术和产品深度开发要加大开发利用力度，破解发展中的难题。对国外先进的高科技资源节约设备和技术，要积极主动地提高引进、消化、吸收的能力。严把新上项目环境准入关，积极推广应用节材、节水、节能、节地、节约矿产资源等成熟技术和工艺，不断提高资源节约技术的科技含量和水平，推广应用污水处理、中水回用等技术，实行废水“零排放”，努力构建发展低碳经济、循环经济的资金、技术、评价、监督、考核等科学保障体系。通过激励性和约束性双重手段，鼓励、引导、支持企业在低碳经济领域积极投资；引导和鼓励各类金融机构增加对发展低碳经济、循环经济的信贷支持，形成有利于低碳经济、循环经济发展的融资机制，构建有利于低碳经济、循环经济发展的信用担保体系；加强监督检查，完善准入制度；加强政策研究、技术推广，运用新技术、新工艺、新材料、新模式，形成有利于保护低碳经济、循环经济发展的产业政策、财税政策、价格政策，健全激励和补偿机制，促进可再生能源持续发展；加强政策保障，保持政策稳定性、连续性。

5. 积极建立节能减排市场调节机制 从长远发展看，节能减排需要建立以市场为主、政府为辅的长效机制。充分发挥市场机制在推动低碳经济、循环经济发展中的决定性作用。以防治污染、保护环境、节约能源为前提，以清洁生产为途径，以经济利益为纽带，坚持市场导向原则，坚持实施创新驱动和市场驱动“双轮驱动”战略，使经济发展具体模式中的各个主体形成互补互动、共生共利的关系。对于开发低碳产品、综合利用自然能源、投资低碳生产流程的企业，给予支持和鼓励，并在贷款、税收等方面给予优惠政策。鼓励企业通过技术和设备革新，降低能效、提高资源利用率，降低和实行碳零排放。大力培育和发展新能源、新材料、生物技术、电动汽车、节能环保和先进制造业等战略性新兴产业，不断扩大战略性新兴产业的比重，有效拓展战略性新兴产业的市场空间，努力抢占科技制高点。坚持节约优先，实施差别化管理，大力实施能源节约优先战略，鼓励民众由高碳消费方式向低碳消费方式转变，大力推进节能减排和生态建设，通过低碳经济、循环经济模式使各企业主体获得良好的、明显的经济效益，实现国家利益、社会利益、企业利益和公民利益的最大化。

6. 健全绿色发展法律法规，建立绿色消费环境 加快对生态环境保护和绿色产业发展等领域的立法工作，对不利于绿色发展的法律法规进行清理、复核和修订。开展资源环境保护执法检查和整治违法排污企业专项整治行动。严格执行国家下达的主要污染物排放总量控制指标削减计划，全面实行排污许可证制度。加快完善生态补偿政策，坚持“谁开发谁保护、谁破坏谁恢复、谁受益谁补偿”的原则，建立下游地区对上游地区、开发地区对保护地区、受益地区对受损地区、开发受益企业对政府生态治理和受损群众的生态补偿制度。积极引导绿色消费、有机消费，营造绿色消费环境。逐步制订鼓励绿色消费的经济政策，加大对获证企业及其产品的监管力度，依法强化农产品质量检查和市场管理。在政策、法律上给绿色有机农业以扶持和保护，优先对绿色有机产品基地建设、品牌创建、科技项目研发和推广等给予支持和激励。积极推广应用生物农药、有机肥料和可降解地膜等高效、低毒、低残留的投入品。创新绿色发展机制，不断完善能够充分反映市场供求关系、资源稀缺程度、环境损害成本的资源要素价格形成机制。

7. 积极实践低碳经济、循环经济，发挥典型示范效应 2010年上海世界博览会园区在选址、规划、设计、建设、运营等全过程贯彻低碳经济、循环经济理念，推进低碳城市建设，展示了未来城市发展的方向。主要表现在大面积地运用太阳能，世博园太阳能发电能力是城市市区太阳能集中应用规模最大的区域。世博轴的地下空间巨大，如果用电通风、照明，会消耗巨大电能。通过科学设计，利用阳光谷引入阳光、空气，运用生态技术节约能源；采用清洁动力汽车，园区内的公共交通实现“零排放”。借助技术手段，将建筑垃圾渣土处理后应用于园区市政道路工程，不仅提高了路基承载能力，而且变废为宝。“沪上·生态家”，用15万块上海旧城改造时拆下的旧石库门砖头砌成，集生态智能技术于一身，体现了最自然、最低碳的低碳城市理念，科学地解决了通风、保温、照明等一系列问题。世博轴利用黄浦江天然水源和地源为空调供能，不使用冷却塔、锅炉房、电、气、油等传统供能手段，不仅降低了能耗、减少了污染，而且降低了总体造价成本。选择能源与资源消耗少和环境效益显著的绿色建材，建造节能的生态建筑。应用固体废弃物无害化、减量化、资源化处理技术，浦东“一轴四馆”等永久性建筑区域，全部实行全封闭的垃圾管道气力输送系统，应用电脑程序控制垃圾分类收集和运送流程。

总之，发展低碳经济、循环经济，是一场深刻的革命，是现阶段和未来我国经济社会可持续发展的客观要求和必然选择。在我国人口数量多、经济增长快、能源消耗大、自主创新能力不足的国情下，发展低碳经济、循环经济任重而道远。为此，必须加强党和政府的领导，增强责任感、使命感、紧迫感。在具体操作中，要坚持政府主导、企业运作、广大公众积极参与和法律支撑的原则，始终紧紧咬住低碳经济、循环经济发展模式不放松，始终坚持把节能、降耗、减排作为一个硬性、约束性指标，贯穿于经济社会生活发展全过程，进一步解放思想，创新理念，落实责任，强化措施，依法推进，不断优化经济发展模式，努力实现我国经济健康、协调、可持续发展。

4

第四章 乡村人才振兴实践探索

习近平同志指出："发展是第一要务，人才是第一资源，创新是第一动力。"推动乡村振兴人才是关键，要多措并举，培养大批适应乡村振兴的应用型、技能型、创新型人才，为乡村振兴提供人才支撑和智力支撑。

第一节　校地共建乡村振兴学院服务人才振兴

为贯彻落实党的十九大精神和习近平同志视察菏泽重要讲话精神，贯彻落实山东省委、省政府关于打造乡村振兴齐鲁样板的要求和《山东省乡村振兴战略规划（2018—2022年）》，贯彻落实《中共山东省委、山东省人民政府关于突破菏泽、鲁西崛起的若干意见》，补齐"三农"发展短板，推动菏泽乡村振兴，促进菏泽"科学发展、后来居上"，打造乡村振兴菏泽样板，为全省乡村振兴提供参考，积极整合各方面资源，校地协同共建乡村振兴学院。

一、成立乡村振兴学院的重要意义

1. 成立乡村振兴学院是落实中央"三农"工作的现实需要

党的十八大以来，以习近平同志为核心的党中央始终坚持把解决好"三农"问题作为全党工作的重中之重，不断加大统筹城乡改革发展力度，在宏观调控中着力加强农业农村这个薄弱环节，出台了一系列强农惠农富农重大举措，推动“三农”工作理论创新、实践创新、制度创新，“三农”工作取得历史性成就。但“三农”问题仍然是现代化建设中最薄弱的环节，依然是全面建成小康社会进程中最明显的短板。党的十九大提出实施乡村振兴战略，紧紧抓住补齐“三农”短板不放松。成立菏泽乡村振兴学院，是菏泽精准脱贫的需要，是突破制约“三农”发展人才瓶颈的需要，是菏泽实现科学赶超、后来居上的需要，是确保菏泽发展建设的需要；既具有重大的现实意义，又具有深远的历史意义。

2. 成立乡村振兴学院是实施乡村振兴战略的重要举措 2013年11月，习近平同志在视察山东时指出，农业出路在现代化，农业现代化关键在科技进步，要适时调整农业技术进步路线，加强农业科技人才队伍建设。2015年，中央一号文件《关于加大改革创新力度加快农业现代化建设的若干意见》。2017年，印发了《农业部办公厅关于做好2017年新型职业农民培育工作的通知》。山东省制定了《山东省乡村振兴战略规划（2018—2022年）》。现代农业发展关键在人，乡村振兴学院是现代农业发展、乡村振兴的人才培训基地，为乡村产业振兴、人才振兴、文化振兴、生态振兴、组织振兴提供智力和人才支撑作用。

3. 成立乡村振兴学院是促进菏泽市乡村振兴发展的有效途径 当前，菏泽市正处于改造传统农业、发展现代农业的关键时期。农业生产经营方式有了重大改变，从单一农户种植、养殖为主和手工劳动为主，向主体多元、领域拓宽、机械化耕作转变，并以现代科技、互联网技术、电子商务等为其服务。农业生态化、农业标准化、农业产业化、产业智慧化、跨界融合化、品牌高端化，新技术、新业态、新模式是乡村振兴发展的必然趋势。菏泽市结合实际制定了全市乡村振兴战略规划（2018—2022年）。立足菏泽、依托菏泽、融入菏泽、服务菏泽是菏泽学院的重要职责和使命担当，由菏泽学院成立乡村振兴学院来服务菏泽是当然之义，既便于进一步提升服务菏泽“三农”的能力和水平，也利于探索创新高校服务地方的模式和机制。

二、建设乡村振兴学院的基础和优势

1. 学科专业优势　菏泽学院坚持“应用型、地方性”办学定位，确定了建设特色鲜明的高水平应用型大学的发展目标，对接地方主导产业和重要行业，优化整合资源，聚集社会力量，成立了农业与生物工程学院（牡丹学院）、马克思主义学院、政法学院、人文与新闻传播学院、商学院、外国语学院、美术与设计学院、音乐与舞蹈学院、计算机学院、物理与电子学院、化学化工学院、体育与健康学院、城市建设学院、药学院、教师教育学院、机电工程学院、数学与统计学院等 17 个二级学院，明确 10 大应用型专业群，牡丹研究院、菏泽文化研究院、菏泽发展研究院、环境与新能源研究院、药物科学研究中心、教师教育研究中心、智能制造研究中心、现代农业研究中心、信息技术研究中心、城市建设研究中心等 10 大跨学科平台逐步建立，涉及 10 大学科门类的 107 个专业融合发展、各有特色，形成了多方位服务菏泽经济事业发展的学科专业体系。学校涉农学科办学 60 多年来，扎根菏泽、服务“三农”，取得了显著成绩，为菏泽“三农”发展作出了积极贡献。

2. 平台资源优势　目前拥有国家级林业技能鉴定站、省级重点实验室、省级人文社科研究基地、省级非物质文化遗产研究基地、省级人才培养模式创新实验区、省级实验教学示范中心、省级特色专业、省级卓工计划专业、省级专业综合改革试点项目等。成立了环保与新能源研究院，获批省发改委山东省牡丹遗传育种及应用技术工程实验室、山东省能源化工及污染控制工程实验室，获批省教育厅山东省牡丹基因工程育种及应用工程技术研究中心、鲁西南特色高效循环生态农业协同创新中心等省级平台。

3. 人才资源优势　菏泽学院具有良好的办学条件、雄厚的师资力量和突出的科研优势，涉农专业是菏泽学院的强势专业，根深叶茂，在全省乃至全国都有一定的知名度。目前，菏泽学院有涉农专业教师近 200 人，其中博士 60 余人，涉农本科专业 10 个、专科专业 9 个。菏泽学院的涉农院系，积累了丰富的农民培训经验。

2015 年 4 月，菏泽学院与山东农业大学签订了战略合作协议，“三农”服务力量得到进一步充实。多年来，菏泽学院针对农村干部落实了“一村一名大学生”计划，开展了“面向农村基层干部开展学历教育实施素质提升工程”，积累了丰富的农民学历教育经验，利用网络平台对高素质农民开展学历教育的条件日趋完备，机制已经完善，为进一步开展服务乡村振兴工作奠定了良好基础。菏泽市、山东省农业农村厅、山东省外事办等合作成立乡村振兴学院，既是强强联合，又利于提质晋级，更好服务全省和菏泽乡村振兴。

三、指导思想、学院定位、运行机制与建设规划

1. 指导思想　以党的十九大精神和以习近平新时代中国特色社会主义思想为指导，按照“产业兴旺、生态宜居、乡风文明、治理有效、生活富裕”总要求，牢固树立新发展理念，落实高质量发展的要求，认真贯彻落实中共中央、国务院关于实施乡村振兴战略的意见；教育部关于《高等学校乡村振兴科技创新行动计划（2018—2022 年）》；山东省乡村振兴战略规划（2018—2022 年）；菏泽市乡村振兴战略规划（2018—2022 年）。坚持补“三农”短板，坚持走优质高效低碳绿色有机农业发展之路，助力脱贫攻坚，助力推进乡村治理体系和治理能力现代化。

2. 学院定位　菏泽乡村振兴学院目标定位为打造菏泽乡村振兴样板的省级教育培训机构，以菏泽学院、山东省外事办公室、山东省农业农村厅、山东省广播电视大学等和菏泽市为依托联合设立，有效整合利用资源，建设市县乡三级教育培训体系。按照《菏泽市乡村振兴战略规划（2018—2022 年）》关于产业振兴、人才振兴、文化振兴、生态振兴、组织振兴的要求，满足多层次、多形式、广覆盖、经常性、制度化教育培训需求，搭建人员培训、人才培养、科技研发、技术服务为一体的乡村振兴服务平台。学院本着立足菏泽、面向山东、走向全国，力争通过 3～5 年的建设，打造成为全省一流的乡村振兴学院。

3. 运行机制　乡村振兴学院隶属于菏泽市，由菏泽市、菏泽

学院合作共建，由菏泽学院负责具体组织运行。联合成立理事会，实行理事会领导下的院长负责制；学院实行联合共建、政府主导、资源共享、相对独立的运行机制。

4. 建设规划　乡村振兴学院建设可分两步建设。第一步：借助菏泽学院办学场所和各方办学优势，开展乡村振兴学院的教育培训。第二步：由政府主导，发挥省直部门和菏泽市优势，建设能够独立运行的乡村振兴学院。

四、乡村振兴学院的职责任务

1. 承担国家、省、市乡村振兴各类培训项目

（1）乡村振兴学院的规律研究。积极探索在农业大市开展乡村振兴的政策理论、培育模式、政策支持等方面的探讨和研究。

（2）乡村振兴学院培训的组织工作。主要负责培训的质量标准、教学大纲、教材选编、师资培训和选聘、绩效考核、跟踪服务和创业指导等工作。

（3）承担国家、省、市项目培训任务。围绕乡村产业振兴、人才振兴、文化振兴、生态振兴、组织振兴开展好培训工作。重点负责做好乡村干部素质提升、基层农技站长提升培训、基层农技人员与药检员等知识更新培训以及中高层次高素质农民创业提升培训，做好乡村文化建设、生态建设、新农村规划设计等。

（4）高素质农民认定的指导工作。建立高素质农民资格认定制度，制定高素质农民认定管理办法，分行业科学地认定条件和标准，严格进行新型职业农民资格考核评定，经考核合格后由高素质农民资格认证委员会颁发高素质农民资格证书。做好高层次高素质农民的培育工作。在全市培育一批高素质农民带头人、领头雁。

2. 服务菏泽乡村振兴战略规划

（1）实施人才振兴计划，培育新型现代农民。开展农业技术人员、高素质农民、牡丹栽培技术等培训。综合利用菏泽学院教育资源，灵活设置专业（方向），创新人才培养模式，为乡村振兴培养专业化人才。培养一批农业职业经理人、经纪人、乡村工匠、文化能人、非遗传承人等。

（2）实施产业振兴计划，培育乡村发展新动能。根据产业需求，从市、学校层面，成立服务乡村振兴专家团，积极发展设施农业、牡丹产业和相关产业，培育和发展产业化企业。菏泽学院以十大专业群聚焦菏泽七大主导产业。农业与生物工程学院聚焦菏泽现代农业；牡丹学院聚焦菏泽牡丹产业化发展；药学院聚焦菏泽打造北方制药城；商学院聚焦菏泽商贸物流、电子商务；计算机学院聚焦菏泽信息技术产业；城市与建设学院聚焦城镇化建设、新农村规划、特色旅游镇建设；机电工程学院聚焦机电设备制造、农业机械化设计开发；化学化工学院聚焦菏泽能源新材料和能源化工产业；人文与新闻传播学院聚焦历史文化研究；教师教育学院聚焦乡镇师资队伍培训提升；其他二级学院立足自身优势寻找服务结合点。深化农业科技成果转化和推广应用改革，加快发展现代农作物、畜禽、水产、林木种业，提升自主创新能力。深入推进农业绿色化、优质化、特色化、品牌化，调整优化农业生产力布局，推动农业提质增效。建设现代农业产业园、农业科技园。推行标准化生产，培育农产品品牌，保护地理标志农产品。大力发展绿色生态健康养殖，建立产学研融合的农业科技创新联盟，加强农业绿色生态、提质增效技术研发应用。完善农产品质量和食品安全标准体系，健全农产品质量和食品安全监管体制。实施农产品加工业提升行动，淘汰落后产能，通过技术嫁接、企业重组、兼并等方式改造提升传统加工业，支持主产区农产品就地加工转化增值，开展绿色农产品深加工工艺技术研究，提高农产品附加值。重点解决农产品销售中的品质劣变、腐败变质等突出问题，加强农产品产后分级、包装、营销，建设现代化农产品冷链仓储物流体系，延长农产品货架期、保质期，打造农产品销售公共服务平台，把各类服务网点延伸到乡村，健全农产品产销稳定衔接机制，支持各类市场主体创新发展基于互联网的新型农业产业模式，探索实施智慧化+新型农业产业化模式，实施休闲农业和乡村旅游精品工程，发展乡村共享经济、创意农业、特色文化产业。针对菏泽芦笋、青山羊、水果罐头等出口产品，实施特色优势农产品出口提升行动，扩大高附加值农产品出口。

（3）实施乡村绿色振兴，促进乡村生态建设。开展农业绿色发展行动，实现投入品减量化、生产清洁化、废弃物资源化、产业模式生态化。推进有机肥替代化肥、畜禽粪污处理、农作物秸秆综合利用、废弃农膜回收、病虫害绿色防控。稳步有序推进农村人居环境突出问题治理。坚持不懈推进农村“厕所革命”，同步实施粪污治理，加快实现农村无害化卫生厕所全覆盖，努力补齐影响农民群众生活品质的短板。落实县、乡两级农村环境保护主体责任。增加农业生态产品和服务供给，提供更多更好的绿色生态产品和服务，促进生态和经济良性循环。积极开发观光农业、游憩休闲、健康养生、生态教育等服务。创建一批特色生态旅游示范村镇和精品线路，打造绿色生态环保的乡村生态旅游产业链。

（4）实施乡村文化振兴，焕发乡风文明新气象。发挥高校文化传播功能，依托菏泽学院音乐与舞蹈专业，组织大学生艺术团深入县（区）演出，传播正能量，弘扬主旋律。传承发展提升农村优秀传统文化。在保护传承的基础上，创造性转化、创新性发展，不断赋予时代内涵、丰富表现形式。支持农村地区优秀戏曲曲艺、民间文化等传承发展。针对菏泽牡丹历史文化、牡丹基因库等资源开展非物质文化申遗工作，留住牡丹文化的根。依托马克思主义学院、法学院、人文与新闻传播学院师资，开展专家进乡村讲坛活动，设立乡村振兴学堂、新农村干部讲习所。定期派出有关教师、专家教授前往乡村授课、辅导、指导政治和党务的相关理论与工作方法；推出反映农民生产生活尤其是乡村振兴实践的优秀文艺作品，充分展示新时代农村农民的精神面貌。

（5）实施乡村基层组织振兴，构建乡村治理新体系。建立选派第一书记工作长效机制，鼓励优秀毕业生、优秀学生党员考取选调生到村任职。积极发展农村社会工作和志愿服务。强化学习培训，加大农村普法力度，增强基层干部法治观念、法治为民意识，将政府涉农各项工作纳入法治化轨道。深入宣传道德模范、身边好人的典型事迹，弘扬真善美，传播正能量。

发挥学校智力科技优势，助力打赢精准脱贫攻坚战。强化产业和就业扶持，激发贫困人口内生动力。把扶贫同扶志、扶智结合起来，把救急解困和内生脱贫结合起来，提升贫困群众发展生产和务工经商的基本技能，实现可持续稳固脱贫。做好实施乡村振兴战略与打好精准脱贫攻坚战的有机衔接。

3. 服务乡村振兴齐鲁样板建设 贯彻落实省委、省政府乡村振兴决策部署，收集整理“三农”信息，开展乡村振兴咨询服务，组织开展相关工作学术会议，研究探索齐鲁特别是菏泽乡村振兴发展路径，积极为各级政府和相关企事业单位提供参考，努力探索高校服务乡村振兴的路径，为全省乡村振兴作出积极贡献。

五、菏泽乡村振兴学院工作措施

1. 成立菏泽乡村振兴学院建设工作领导机构 成立由菏泽市、菏泽学院等组成的理事会，实行理事会领导下的院长负责制。具体负责学院建设的论证、规划以及建设方案的制定等工作。

2. 建设菏泽乡村振兴学院培训场所 建立集“培训、管理、认定、职业技能鉴定”于一体的高水平乡村振兴学院。主要建设多媒体教室、声像制作中心、农业技术网络服务中心、农业专家视频答疑中心及配套设备、服务设施、实训基地等。

3. 设立菏泽乡村振兴学院培育专项经费 推动乡村产业振兴、人才振兴、文化振兴、生态振兴、组织振兴，这“五个振兴”意义重大。一方面要争取上级主管部门的支持，另一方面，要多方筹集资金，用于技能培训、师资培养、技术创新、基地建设、创业扶持等。

4. 加大对乡村振兴学院的政策扶持力度 支持乡村振兴学院的建设与发展，优先安排财政扶持项目，推动乡村振兴学院积极开展工作，主动服务乡村振兴战略，为服务打造菏泽乡村振兴样板工程发挥重要作用。

第二节　归雁行动促进乡村振兴

持续畅通返乡创业渠道，积极引导和鼓励更多专业技术人才、管理人才、销售人才等返乡创业，为乡村振兴积蓄人才力量。

一、加强沟通交流聚合创业能量

积极搭建高层次人才交流平台，建立菏泽市各县区在外高层次人才清单，在外创业人员清单，每月更新，全面掌握人才实际情况。努力实现返乡创业服务于全国主要城市全覆盖，在北京、青岛、广州等地建成返乡创业服务中心，建立定期联系机制，引导返乡就业创业。

二、乡情招引乡贤推进返乡创业

紧密依托特色资源和优势项目，精准开展乡贤招商。先后涌现出“千贝科技”“赛诺医疗”“渔良养殖”等一大批优秀返乡创业典型，实现了创新支持创业、创业带动就业的良性互动发展。

三、优化创业服务促进乡村振兴

组建人社专家服务团，设立企业服务专员，为创业者提供政策宣传、培训报名、业务咨询、创业担保贷款办理和跟踪扶持等一条龙创业服务，激发返乡创业者的热情。开展补贴性职业技能培训；发放一次性创业补贴和创业担保贷款，鼓励新增返乡创业人员领办、创办实体，有力促进了农村经济发展，推动了乡村振兴。

四、专家服务基地助力乡村振兴

创建省级乡村振兴专家服务基地、市级乡村振兴专家服务基地、市级乡村振兴专业技术人员继续教育基地。充分发挥乡村振兴专家服务基地在助力乡村人才振兴、推动高端人才资源向基层柔性流动服务经济社会发展中的作用。积极组织农业科技专家和行业能手深入基地，送技术、解难题、培人才，搭建起专家服务基地与高端专家对接联系的“桥梁纽带”。山东农业大学、山东省农业科学院、菏泽学院、市（县）农业农村局等多名蔬菜种植专家定期到合作社进行技术指导和开展技术讲座。开展专家技术指导，集中培训活动，提高了合作社的管理水平和员工的技术水平。乡村振兴服务专家，带来了南瓜根线虫防治关键技术研究课题；专家从南瓜定植开始就一直住在园区，每个大棚每天必到，随时掌握南瓜的长势，发现问题及时解决。

第三节 发展农民科技教育服务乡村人才振兴

发展农民科技教育是一项重大的现实任务，加快乡村振兴，提高农民科技文化素质是关键，立足我国农村劳动力素质的基本现状和农民科技教育的基本特点，应充分认识发展农民科技教育的重大意义，加快推进农民科技教育落地落实。

一、我国农村劳动力素质的基本现状

随着农村教育事业的发展，农村劳动力素质较过去有所提高。但从整体来看仍然较低。据有关资料显示：我国约4.8亿农村劳动力中，初中以下文化程度的约占88%。其中，文盲或半文盲占8%，小学文化程度占30%，初中文化程度也只占50%，高中文化程度占9.5%，中专文化程度只占2%，大专以上则只有0.5%左右，在经济欠发达地区农民文化素质更低。农民文化素质低，引发农民思想局限、市场经济意识不强、小农意识固化等一系列问题，导致对农业科技的应用仅局限于引进良种，接受新事物能力差，缺乏创新意识。同时，造成农村劳动力向非农产业转移困难，在劳务市场上缺乏竞争力，就业渠道狭窄，从事的大多是简单、粗放、体力型的工作。技能型劳动力只占总数的20%左右，且以低水平技工为主，很多外出农民工无法及时就业，进城后常陷入困境。

二、农民科技教育的基本特点

1. 农村职业技术教育的社会性　“三农”问题是关系全面建成小康社会的最大难题。农业兴，百业兴；农民富，国家富；农村稳，天下稳。中国是一个农业大国，中国14亿人口，有9亿是农民，农民是国民的主要组成部分。因此，开展农民科技教育是一项涉及面广的社会性工作，也是一项重大的科技素质提高工程，有突出的社会性特点。

2. 农民文化程度的差异性　由于受教育程度不同，农民文化程度表现出很大的差异性。具体表现在：初中以下文化程度的较多，高中和中专文化程度的较少，大专以上文化程度的占比例更少。根据农民掌握的文化科技知识和劳动技能程度不同，可以分为三类：第一类是农村基层干部、技术人员和部分专业户，他们有一定的专业知识和生产实践经验，这一类占比重不到5%；第二类是回乡的初、高中毕业生，约占农村劳动力的1/3，他们有一定的文化知识，但缺乏农业科技知识和生产技能；第三类是传统型农民，他们长期从事农事活动，有着丰富的传统农业生产经验，但文化素质低，现代农业意识淡薄，大多没有或很少接受农业技术培训。

3. 农村产业的多样性和专业性　在农村，种植业、养殖业、建筑业、运输业、服务业等多业并存，特别是近年来，伴随农村个体民营企业和乡镇企业的迅速发展，农村产业的多样性和专业性愈加突出。

4. 农村基础教育的薄弱性和不平衡性　2002年占全国人口65%的地区已基本普及九年义务教育，青壮年文盲率下降到6%。目前，我国正在积极普及九年义务教育，但由于受长期形成的城乡二元结构的影响，城乡基础教育差别较大，城市基础教育明显优于农村，农村基础教育仍然相对比较薄弱，在西部地区基础教育发展更加困难。区域经济发展的不平衡，也导致了基础教育发展的不平衡，经济发达地区基础教育条件和办学质量要明显优于欠发达地区。

三、发展农民科技教育的措施

1. 充分认识科技教育的重大意义，加强对科技教育的领导 农业的根本出路在科技、在教育。因此，富民先富脑，治穷先治愚，科技扶贫是最根本的扶贫。开展农业科技教育有利于全面提高劳动者素质，有利于科技成果的转化和先进技术的推广应用，有利于发展优质、高产、高效农业，是实现农业现代化刻不容缓的一项重要任务，是加快农业标准化和农业产业化进程必然选择，是增强我国农业国际竞争力的一项重大的战略举措，是农民致富奔小康的必由之路，也是一项迫切的现实任务和重大课题。要从乡村振兴战略的高度来抓好农民科技教育培训，明确职责，分解任务，强化考核，把农民科技教育作为促进乡村振兴的突破口和切入点，认真抓紧抓好，切实落地落细。

2. 制定优惠政策，确保培训资金投入到位 教育经费、培训经费的投入是发展农民科技教育的保证。必须采取强有力的措施，保障经费投入到位。首先，各级政府应对农民科技教育给予专项经费扶持。其次，农业行政部门要从支农和农业专项经费中拨出一定比例来发展农业科技教育培训。

3. 整合科技教育资源，降低教育成本 农民科技育资源的整合可分为两种类型，一是地区外部资源整合，二是地区内部资源的整合。应立足本省、市，面向全国，通过学校间相互协调，坚持共建共享共用原则，走联合办学的路子，推动教育资源聚集。统筹各种涉农培训，整合涉农资源、经费，形成资源整合优势，有序开展农民科技教育，构建普教、职教、成教统一以及农业、科技、教育有机结合的新格局。

4. 增强科技教育的针对性、实用性和实效性 以经济发展需要为导向，一手抓从事农业种、养、加专业人才的培训、教育，向科技要粮食、要效益；一手抓向非农产业转移人员的培训，使其具备科技致富的本领，按照实际、实用、实效的原则开展实用技术培训，达到需要什么、学什么、培训什么的目的。坚持学用结合，按需施教和注重实效，在培训方法上采取集中培训和深入村组培训相结合，课堂讲授理论和深入一线实习操作相结合，学员示范带动和包教包学结合等形式，开展短、平、快的农业实用技术培训，建立机动、灵活、高效的运行机制。围绕兴办乡村企业、产业化发展开展培训，对从业人员采取以培代训和实践培训等形式，抓好职工实用技能知识教育，为乡村产业化发展注入新的生机和活力。围绕扶贫搞培训，针对贫困户的特点，着重对他们进行投资小、易掌握、见效快的种植、养殖、加工、贸易等优选项目和技术重点培训。围绕农业产业结构调整、项目开发、基地建设开展教育培训，促进地方经济发展。

5. 学习借鉴国外绿色证书培训先进经验，大力开展绿色证书培训 学习借鉴加拿大绿色证书经验，学习他们“以技能为中心”的教育思想和“做中学”的教学方法。在加拿大，绿色证书成为农民教育的主要方式，并为提高农民素质和从业技能、促进农业发展起到了重要的推动作用。这给我们一个重要的启示，想搞好农民培训，必须有政府的支持。因此，建议农业农村部应多向国家争取资金或专项教育投资，保证大力开展农民教育和实施绿色证书培训，努力提高广大农民的科技素质，从根本上解决“三农”问题。在培训中提高生产者的技能水平，在生产中提高产品的经济效益，加快农村经济全面发展，推动乡村振兴。制定农民科技教育规划，建立农民科技教育培训体系，积极开展绿色证书培训。通过实施新型农民科技培训规划，培养一大批觉悟高、懂经营、善管理，而且能从事专业化生产和产业经营的新型农民。构建适应需求、服务农民、手段先进、灵活高效的新型农民科技教育培训体系。突出层次性，对文化低的农民开展实用技术培训；对初中以上文化程度农民，开展初、中等技术培训；对具有高中以上文化程度的农民进行中等、高等职业技术培训，体现多形式、多渠道、整体性，形成高校、职业学校、绿色证书培训班、成人学校、广播电视学校、流动影像教育等各种培训形式。在绿色证书培训中，不断改革和创新绿色证书培训模式，突出岗位技能，要改变过去的粗放经营转为精耕细作，由知识型向技能型转变；制定绿色证书配套政策，提高农民的学习积极性；发挥农业院校、科研院所和推广机构的作用，加强实施绿色证书制度的支持体系建设；树立绿色证书对于农民教育的品牌地位，探索出一套科学合理的中国农民绿色证书培训有效方式，提高农民的实际操作技能。

6. 抓好“双师型”教师队伍建设，适应农民科技教育的需要

教师是实施教育的主体，提高教学质量的关键。因此，必须培养一批既有理论功底，又有实践本领的“双师双能”型教师队伍。坚持走出去，请进来。鼓励高校教师积极主动地进入服务地方经济社会发展的主战场，聘请当地各行各业的专家、学者、技术人员做兼职教师，建立“教师资源库”。

总之，开展农民科技教育意义重大，这既是一项提高农民素质的战略性任务，也是变劳动力资源优势为人才资源优势的战略性行动，更是推动乡村人才振兴的创新实践。

5

第五章 乡村组织振兴实践探索

党的基层组织是凝聚群众推动事业发展的坚强战斗堡垒，加强党的组织建设，汇聚事业发展的磅礴力量，在推动乡村振兴中发挥组织功能，产生聚集效应。

第一节 以党建为引领促乡村振兴

党的十八大以来，以习近平同志为核心的党中央，从实现“两个一百年”奋斗目标和中华民族伟大复兴的中国梦的战略高度和全局高度，深刻认识治国必先治党，治党务必从严，认真实施全面从严治党战略，强调党要管党，坚持党总揽全局、协调各方的领导核心作用，不断加强党的执政能力建设和先进性、纯洁性、革命性建设。出台了中央八项规定，聚焦反对“四风”，在全党认真开展了党的群众路线教育实践活动、“三严三实”专题教育活动，以及“两学一做”学习教育常态化、制度化教育实践活动，党的建设从理论到实践不断深化。在新的历史时期，必须认真研究党的建设基本规律，深化对党建本质性认识，从战略性、全局性、整体性谋划，发挥党建主导性作用，不断丰富党建内涵，创新党建形式，增强党建效果，开辟党建工作新局面，提升党建工作新境界，全面提高党的建设科学化水平，不断谱写建设党的伟大工程的新篇章。

一、全面从严治党战略思想的理论渊源

1. 马克思列宁主义党建学说为全面从严治党奠定了理论基石 马克思、恩格斯作为无产阶级政党学说的创立者，虽然对管党治党没有专门的论述，但对无产阶级政党的建党原则、性质、宗旨、纲领、历史使命等重大问题都作出了理论上的回答。《共产党宣言》作为无产阶级政党第一个党纲，对党的命名及如何保持共产党的先进性、纯洁性、革命性作了集中阐述，要求共产党人必须保持高度的行为自觉和理论自觉，这既为党的建设奠定了初步的理论基础，也凸显了全面从严治党思想的雏形。始终保持全面从严治党要求是马克思、恩格斯建立和建设先进性、纯洁性、革命性共产党的重点。列宁强调必须加强党的集中统一领导和铁的纪律。对全面从严治党、不断提高党的建设科学化水平进行了理论和实践的探索，为加强党的组织建设、纪律建设提供了重要借鉴。马克思列宁主义的无产阶级建党学说，作为无产阶级党建学说的理论基石，从理论、认识、实践等不同层面、不同角度，对全面从严治党进行了诠释，是全面从严治党的理论渊源。

2. 毛泽东思想为全面从严治党提供了丰富的思想基础和实践经验 毛泽东在马克思列宁主义的基础上，结合中国国情和实际，探索了全面从严治党的策略方法、制度机制、重要举措，进一步丰富了马克思列宁主义的建党学说。在 1929 年《古田会议决议》中，初步确立了着重从思想上建党的原则，提出要在党内纠正各种非无产阶级的错误思想；1937 年《矛盾论》《实践论》为我们党确立了实事求是的思想路线，1939 年，《〈共产党人〉发刊词》提出了党的建设的总目标，从根本上回答了在中国建设一个什么样的党、怎样建设党的命题。要把党建设成为全国范围的、广大群众性的、思想上政治上组织上完全巩固的马克思主义政党。1942 年《整顿党的作风》创造了党的自身建设的有效形式，对加强党的建设具有重要指导作用。1945 年毛泽东在党的七大《论联合政府》的报告中，阐述了党的性质、宗旨、纲领、历史任务，系统概括了党的三大优

良作风；1949年在党的七届二中全会上，告诫全党要警惕“糖衣炮弹”的袭击，提出两个务必的重要论述；毛泽东建党理论是马克思主义建党理论中国化的重要理论和实践成果，为全面从严治党奠定了坚实的理论和实践基础。

3. 改革开放以来党建理论创新为全面从严治党赋予了新的时代内涵　改革开放时期，党的领导人深刻反思我们党成立以来的经验教训，把党的建设问题提高到党和国家长治久安的战略高度，在中共中央整党工作指导委员会《关于农村整党工作部署的通知》中首次提出“全面从严治党”概念。伴随改革开放的不断推进，我们党抓住党的先进性建设这一根本，突出党的执政能力建设这一主题，围绕大力加强党的思想、组织、作风、反腐倡廉和制度建设这一根本任务，按照治国必先治党、治党务必从严的要求，继续推进党的建设新的伟大工程，坚定不移地把管党治党推向前进。江泽民同志提出了“三个代表”重要思想；胡锦涛同志提出以人为本，全面、协调、可持续的科学发展观，为党的建设提供了重要遵循和行动指南。

4. 以习近平同志为核心的党中央坚持全面从严治党，不断推进党的建设新的伟大工程　党的十八大以来，中国共产党在以习近平同志为核心的党中央的坚强领导下，从党和国家事业长远发展的战略高度，高瞻远瞩，科学施策，提出了全面从严治党的战略思想，把全面从严治党纳入“四个全面”战略布局。出台了中央八项规定，中央政治局率先垂范，为全党作出表率。按照“照镜子、正衣冠、洗洗澡、治治病”的总要求，扎实开展了党的群众路线教育实践活动；在党员干部中开展了“三严三实”专题教育、“两学一做”学习教育实践活动；坚决反对“四风”，把纪律和规矩放在前面，以只争朝夕、善作善成的精神和抓铁有痕、踏石留印的作风，不断加强党的思想、组织、作风、制度和廉政建设。通过党的建设，党的执政能力建设不断加强，党的领导和执政地位更加巩固，党的建设作为新的伟大工程不断推进。十八大以来，习近平同志提出了一系列新思想、新战略、新论断，攻坚克难，敢于啃硬骨头，解决了许多长期想解决而没有解决的难题，办成了许多过去想办而没有办成的大事，社会风气明显好转，反腐倡廉取得历史性成就，营造了良好的政治生态，党心民心为之一振，不断增强了党的凝聚力、向心力、战斗力，极大地提振了民族自信心和自豪感。2017年7月26日，习近平同志在省部级主要领导干部专题研讨班上发表重要讲话，他着重指出："党要团结带领人民进行伟大斗争、推进伟大事业、实现伟大梦想，必须毫不动摇推进党的建设新的伟大工程，把党建设得更加坚强有力。"必须不断推进全面从严治党向纵深发展，持之以恒地把党管好治好建设好，确保党始终成为中国特色社会主义事业的坚强领导核心，使中国模式、中国方案为世界治理、世界发展提供优异借鉴和发展方案。

二、新时期党建工作的新特征

1. 准确把握党建工作的"本质性"特征 党建的根本目的就是要加强党的建设，强化宗旨意识，更好地全心全意为人民服务。党的建设从本质上讲，就是要服务于党的路线、方针、政策，服务全党工作中心大局，适应新常态，实现新发展。在中国特色社会主义新时代，中国共产党要站在新起点，承担新使命，不忘初心，继往开来，带领全党全国各族人民为高举中国特色社会主义伟大旗帜，为实现伟大复兴的中国梦，凝心聚力，集中发力。党建工作要立足新时代科学发展的需要、新时代人民群众对美好生活的期盼，来加强和巩固党的建设，既是做好党建工作的前提和基础，也是党建工作的出发点和落脚点。"推动发展需要什么样的人？永续发展需要什么样的制度？保障发展需要什么样的组织？"应该成为对党的建设的"本质性"特征认识、党的建设规律认识的新引擎。瞄准目标定位，坚定不移推进党的建设与实现伟大的中国梦在目标任务与工作原则上相统一、在指导思想上相一致、在重大措施、重要环节上相协调。瞄准载体和平台建设，注重找准党建工作与实现伟大中国梦的切入点、结合点，不断加强党建载体和平台建设，做到党建工作既要务虚，又要务实，做到围绕中心抓党建，抓好党建促发展，为事业发展奠定坚实基础。坚持检验标准，把是否有利于科学发展、是否推动了科学发展、是否有利于中国梦的实现，是否有利于全面建成小康社会，是否有利于国家治理体系和治理能力现代化作为衡量和检验党建工作成效的标准和指南。

2. 准确把握党建工作的“全局性”特征　党建工作必须着眼于党总揽全局、协调各方的作用。党的十九大报告提出，坚持党对一切工作的领导，这是新时代坚持和发展中国特色社会主义的基本方略的重要内容。为此，必须突出党的领导地位，坚决维护以习近平同志为核心的党中央，坚决维护习近平同志的领袖地位，坚决维护党中央权威和集中统一领导；做到令行禁止，政令畅通。习近平同志指出：“实现中华民族伟大复兴是近代以来中华民族最伟大的梦想。”中国共产党要义无反顾承担起这一历史使命，立足中国特色社会主义初级阶段的基本国情，立足初级阶段这一最大实际，坚持人民对美好生活的期盼就是党努力的方向这一历史定位。充分激发和调动人民群众的积极性、主动性、创造性，与人民群众心连心，与人民群众同呼吸、共命运。在新的历史发展时期，我们党比历史上任何时期都更加接近、更有信心、更有能力实现伟大复兴的中国梦。按照党的建设“五位一体”的总体布局，党建工作必须与其他工作统筹谋划、科学谋划、系统谋划，有机配合、协同推进、共同推进。突出党的执政能力建设和先进性建设这条主线，坚持思想建设为根本，组织建设为基础，作风建设为关键，制度建设为保证，反腐倡廉建设为重大政治任务，善始善终，善作善成，持之以恒，久久为功。明确党建职责问题。党的建设是一项庞大复杂的系统工程，不同党的机关和职能部门，从多个角度承担着主抓党的建设的不同具体任务。既统一、服务于党的建设这一主题，又具有各自的职能特点，职责不同、各有侧重。只有明确责任，齐抓共管，协同推进，才能全面推进党的建设新的伟大工程。关于统筹推进问题。各级党委要树立一盘棋思想，提高政治站位，增强四个意识，在以习近平同志为核心的党中央集中统一领导、统筹指挥下，抓好整合，搞好配合，最大限度地实现“人、财、物”等要素资源及“职能、权力”等执政资源合理有效配置，形成“协调配合、相互促进、整体联动、均衡发展”的良好格局。

3. 准确把握党建的“整体性”特征 各级党组织必须发挥好政治引领和战斗堡垒作用，必须围绕中心抓党建，抓好党建促发展。切实解决好党建环节缺失、职能缺位、党建和业务脱节、短板效应、瓶颈制约等诸多方面的问题。坚持中国特色社会主义事业发展到什么阶段，党的建设就推进到什么阶段，根据时代发展需求，根据党的事业发展需要，着力增强党建系统的耦合效应，不断提高党建工作的整体水平和综合效能。要突出重点，抓住难点，坚持问题导向，查漏补缺，补齐短板。一要注重接断点。如在干部教育培养、党员培训、激励约束、干部选拔任用等方面出台了一系列制度，增强了制度的可操作性，但还存在有的环节薄弱、执行不到位、监管不到位的问题。针对存在的断点和薄弱环节，要采取切实有效的措施，打通“最后一公里”，接通断点，补强弱点，形成环环相扣、链条衔接、科学配套的党建工作体系。二要注重扫盲区。伴随中国特色社会主义事业的新发展，一些新经济组织、新社会组织不断兴起。对于新的经济组织，党建工作亟待加强；党的建设必须实现全覆盖，必须坚持党对一切工作的领导。对于党建工作起步晚，存有“散、乱、软”问题的新经济组织，应针对党建工作呈现出的难点和空白点，开展扫盲区活动，并把扫盲区作为主要着力点，全力实现党建工作无缝隙、全覆盖。三要注重除掣肘。围绕改革发展、党的建设，党的制度建设不断加强，制度网络越织越密。对于掣肘问题必须加以解决，必须增强制度建设的系统性、衔接性、配套性，必须适应新时代发展要求，进一步抓好制度的废改立工作，形成运转顺畅、系统严密、科学规范、有序高效的制度体系。

4. 准确把握党建的“真实性”特征 要解决党建真实性、实效性问题。党建工作要增强引领性、时代性、先进性、针对性、实效性，既要防止急功近利，又要避免舍本逐末。以习近平新时代中国特色社会主义思想为指导，树立正确的党建导向，心系群众鱼得水、脱离群众树断根，坚持宗旨意识，强化群众观念。要始终把群众的冷暖挂在心上，真心实意为老百姓谋利益。要始终坚持“三统一”原则。坚持形式和内容的统一、过程和结果统一、服务和质效的统一，把党建工程建设成凝聚起广大党员的宏大工程、精神家园、鲜明旗帜。一要突出普适性。就是要面向全国 8 900 多万广大党员同志，坚持问题导向，加强党的建设，筑牢党建基石，凝聚磅礴力量，不断推进中国特色社会主义伟大事业，为实现“两个一百年”奋斗目标，到 2050 年实现伟大复兴的中国梦不懈奋斗。既要在“原生态”条件下解决问题，又要在“人工园林”型、“温室苗圃”型的条件下解决问题。既要体现时代性、大众性、先进性，又要体现科学性、世界性、开放性。二要突出特色性。要突出道路特色、理论特色、制度特色、文化特色，只有这样，党的建设才更具长久的生命力和号召力。要立足我国新时代中国特色社会主义新阶段特点，立足区域性、行业性等差异性特点，从党建工作实际出发，提炼塑造党建品牌新形象，强化品牌新优势，努力打造党建工作新特色、新亮点、新经验、新成效，不断开创党建工作新局面，实现党建工作理论和实践上的创新。三要突出实效性。党建工作的成效在于进一步提高党的执政能力和反腐倡廉能力。十八大以来，习近平同志强力推进党的建设新的伟大工程，不断加大反腐倡廉力度，协同推进“四个全面战略”，坚持党建服务发展、服务社会、服务群众，使党的建设取得了实实在在的巨大成绩，受到国内外一致好评，进一步凝聚了党心民心。

5. 准确把握党建的“主体性”特征　管党治党是各级党组织的主体责任，抓好党建是各级党组织最大的政治任务，必须抓在手上，放在心里，一刻也不能放松。必须坚持党要管党的原则，进一步创新思维和理念，转变方式和方法，充分调动和激发各级党组织和广大党员的干事创业激情。一是必须尊重主体地位。必须尊重全体党员的主体地位，必须尊重人民的主体地位，坚持群众路线，坚持从群众中来，到群众中去的工作方法。坚持“以人为本”的理念，做到理解人、关心人、支持人、帮助人、引导人，切实保障各级党组织和党员的权利，切实解决他们的后顾之忧。坚持按民主集中制原则办事，集中集体的智慧，加强对干部的监督，使权力在阳光下运行。二是必须激活主体功能。全国9 600多万党员是支撑我们党汇聚起强大力量的坚强基石。革命和建设事业推进到什么阶段，党的建设就推进到什么阶段，中国特色社会主义事业推进到哪里，党的建设就推进到哪里。中国共产党始终是我国社会主义事业的领导核心和指路明灯，如果我们把每个基层组织、每个党员比作细胞的话，那么我们党就是肌体。必须大力实施“细胞工程”，让每一个基层党组织和广大党员充分发挥战斗堡垒作用和先锋模范作用，纯洁党的肌体，按照先进性、纯洁性的要求，大力实施强基固本工程，不断加强基层党支部建设，不断加强对党员的教育培训和管理；不断提高党员干部自我净化、自我完善、自我革新、自我提高的能力，把党的建设不断引向深入；尊重基层党组织和党员干部的首创精神，激发党员干部干事创业的热情，增强基层党组织的凝聚力、向心力、战斗力，形成攻无不克战无不胜的坚强堡垒。三是必须落实主体责任。各级党组织担负着管党治党的主体责任，各级党组织书记是管党治党的第一责任人，必须牢固树立全面从严治党的新理念，把全面从严治党贯穿于党的建设的全过程。在以习近平同志为核心的党中央统一坚强领导下，压实各级党组织的责任，层层传导压力，形成责任明晰，各负其责，上下联动、协调配合、齐抓共管的大党建格局，实现由少数人管党向全员管党的转变，营造管党治党浓厚的社会氛围。

三、科学分析形势，找准问题症结，正确面对问题，科学有效施策

在新的形势下，我们党不仅担负着团结带领全国人民全面建成小康社会、推进社会主义现代化、实现中华民族伟大复兴中国梦的历史性任务，而且还面临四大考验、四种风险。面对新形势、新任务，如何有效应对执政能力、改革开放、市场经济、外部环境这四

大考验，克服精神懈怠、能力不足、脱离群众、消极腐败这四大危险，对于中国共产党而言是一个重大的命题。为此，要求我们必须保持清醒头脑，保持战略定力，不断提高党的领导科学化水平，认真解决好提高党的领导水平和执政能力、提高拒腐防变和抵御风险能力两大重大任务。切实加强党的政治、组织、廉洁、群众、工作、生活六项纪律建设，使我们的党始终成为中国特色社会主义事业的坚强领导核心，始终成为中国人民的主心骨。要坚持问题导向，找准症结，科学施策，认真解决行为懒散、精神消极、思想保守等问题；认真解决老办法不管用，硬办法不能用，新办法不会用等问题；树立宗旨意识，密切党群干群关系，切记心系群众鱼得水、脱离群众树断根。清白做人，干净做事，自觉脱离低级趣味，做到忠诚、干净、担当。必须强化四个意识，树立四种自信。坚持把全面从严治党贯穿党的建设全过程，认真贯彻落实“两学一做”学习教育常态化制度化，认真贯彻落实《中国共产党廉洁自律准则》和《中国共产党纪律处分条例》，把政治纪律和政治规矩挺在前面，强化和实践四种形态，让歪风邪气无处遁形，让党内正能量更加充盈。一定要旗帜鲜明讲政治，坚决维护党的核心地位、领袖权威，坚决维护党中央权威和集中统一领导，深入学习贯彻习近平新时代中国特色社会主义思想，认真学习贯彻党的十九大精神，牢牢把握党的十九大对党和国家工作新要求，以党的十九大精神为指导，推动工作，指导实践，不忘初心、牢记使命，坚定不移地高举中国特色社会主义伟大旗帜，坚定不移地走中国特色社会主义道路，为夺取新时代中国特色社会主义新胜利，实现中华民族伟大复兴的中国梦不懈奋斗。

四、确保全面从严治党的措施落地生根的措施和创新实践

1. 充分认识提高党建科学化水平的重要性和必要性　习近平同志指出：“实践使我们越来越深刻地认识到，管党治党不仅关系党的前途命运，而且关系国家和民族的前途和命运，必须以更大的

决心、更大的勇气、更大的气力抓紧抓好。”各级党组织要切实担负起全面从严治党的主体责任，把管党治党作为最根本的政治责任，常研究，常部署，抓领导，领导抓，抓具体，具体抓。各级领导干部要带头维护党规党纪的严肃性、权威性，把纪律和规矩挺在前面。着力增强党的建设的政治性、时代性、原则性、战斗性，进一步把党这个“主心骨”“顶梁柱”建设好、建设强，确保我们党永葆旺盛生命力和强大战斗力，确保党始终成为新时代中国特色社会主义事业的领导核心。

2. 必须加强四型机关、四型干部队伍建设 事业兴衰关键在人，关键在各级党员干部。在新的历史起点上，进行伟大斗争、建设伟大工程、推进伟大事业、实现伟大梦想，必须毫不动摇地坚持和完善党的领导，这是党和国家的根本所在、命运所在，是历史的选择、人民的选择、时代的选择，是中国共产党人和革命先烈用鲜血和生命换来的。为了中国人民的解放事业，曾与我们拥有同样追求的无数先辈们，为了实现伟大的中国梦，抛头颅、洒热血、赴汤蹈火、前仆后继，为救国救民而长眠地下，他们的青春过早地凝固在血与火的洗礼之中。我们有什么理由不奋勇向前，努力拼搏呢?我们必须感恩中国共产党，珍惜来之不易的幸福生活，自觉接受党的领导，自觉运用马克思主义执政党建设规律，自觉遵循中国特色社会主义建设规律，自觉坚持马克思主义中国化的最新理论成果，自觉保持党的先进性本色，善于研究新情况、解决新问题、总结新经验，实现新突破。在具体操作上，要不忘初心、牢记使命，进一步加强“学习型、研究型、服务型、创新型”机关建设，进一步加强“学习型、研究型、服务型、创新型”干部队伍建设，确保党和人民事业发展到什么阶段，党的建设就推进到什么阶段，全面从严治党就持续深入到什么阶段。坚持问题导向，不断解决党内存在的突出矛盾和深层次问题，推动全面从严治党向纵深发展。

3. 必须坚持中国特色社会主义理论 “四个自信”是共产党人最核心的使命，是中国特色社会主义伟大实践中的重大命题，对于统一全党思想，以饱满的精神状态、昂扬的革命斗志夺取中国特色社会主义伟大胜利意义重大而深远。党的十九大开启了中国特色社会主义事业的新征程，新征程承载新使命，新征程蕴含新希望，新征程铸就新辉煌。中国特色社会主义道路是我们党历经千难万险、艰辛探索的结果，符合我国的国情和实际，是一代又一代中国共产党人革命和建设的正确抉择。我们既不能走改旗易帜的邪路，也不能走闭关锁国的老路，只有中国特色社会主义道路才是我国的富民强国之路。没有革命的理论，就没有革命的实践，理论是行动的指南，理论是革命的先导。以习近平同志为核心的党中央，继往开来，不断开辟马克思主义新境界，创立了习近平新时代中国特色社会主义思想；中国特色社会主义理论不断创新完善，中国特色社会主义制度更具生命力，中国特色社会主义文化更具影响力，中国智慧、中国方案为国际社会提供思路和借鉴。

4. 必须立足国情、党情，有效应对“四大考验” 我国社会主义初级阶段的基本国情和经济社会发展每个阶段呈现出来的新特点，决定了党的建设必须不断向前推进，必须不断适应变化的新形势、新任务，确保我们党始终站在时代前沿，始终引领中国这艘巨轮不断乘风破浪，开拓前进。当前，改革进入深水区，经济发展进入新常态，各种矛盾叠加，各种风险隐患积聚，在新的改革发展的历史起点上，新常态蕴含新机遇，新机遇蕴含新发展，新发展蕴含新挑战。在前进的道路上，仍然有各种困难险阻。我们党必须以巨大的政治勇气、勇敢的责任担当，正确应对党面临的“四大考验”和“四种危险”。迎难而上，刮骨疗伤，攻坚克难，拔烂树，治病树，不断加强党员干部队伍建设，营造风清气正的党内政治生态；按照“高标准、高境界、高效率、高效益”的四高要求，积极锻造能干事、会干事、干成事的党员干部，克服懒散思想，坚决整治不作为、乱作为等方面存在问题，建立能者上、平者让、庸者下的选人用人机制，激发党员干部干事创业的热情，营造政治上的绿水青山。习近平同志告诫全党，要勇敢承担起历史和人民赋予的职责使命，时刻准备应对重大挑战、抵御重大风险、克服重大阻力、解决重大矛盾，时刻进行具有许多新的历史特点的伟大斗争。作为一个有 9 600 多万名党员、在人口大国长期执政的党，必须不断加强党的自我革命，不断增强党自我净化、自我完善、自我革新、自我提高的能力，才能使我们的党越来越成熟，越来越强大、越来越有战斗力，越来越有凝聚力，始终成为中国特色社会主义事业的主心骨、引领者、掌舵人。要坚持以上率下，建立领导干部领衔破难机制，发挥领导干部的“领头雁”和示范带动作用；通过建立科学的考评体系、透明的组织建设信息公开机制、规范的党建经费投入保障机制、完善的制度体系，不断增强党的制度建设的系统性、可操作性、规范性、程序性，切实提高制度的执行力。要科学谋划党建工作，既要重视党建工作的横向发展，又要重视党建工作的纵向深化。既要制定中长期发展规划，又要做好近期党建工作安排。针对机关、学校等单位不同的特点和实际情况，找准党建工作的切入点。善于运用典型示范、以点带面，精心培育不同类型的“试验田”，使“点上之花”结出“面上之果”。

5. 必须坚持思想建党和制度建党相结合，有效运用四种执纪形态 全面从严治党既靠教育，也靠制度。制度建设更具长期性、基础性、根本性，具有管全局、管根本、管长远的作用。党员干部要补足思想之钙，提振精气神，树立正确的人生观、世界观、价值观，否则，就会得“软骨病”，迷失正确的前进方向。在中纪委第二次全体会议上，习近平同志明确提出“把权力关进制度的笼子”的重要论断，防止制度成为稻草人、橡皮筋。习近平同志在十八届六中全会《关于新形势下党内政治生活的若干准则》《中国共产党党内监督条例》的说明中强调，要有效化解党内面临的重大挑战和危险，很重要的一条就是要完善规范、健全制度，扎紧制度的笼子。坚持纪严于法、纪在法前，积极践行监督执纪“四种形态”，把纪律挺在前面，让制度、纪律成为带电的“高压线”。《关于新形势下党内政治生活若干准则》和《中国共产党党内监督条例》的出台，是坚持思想建党和制度建党相结合的一个重要安排，思想建党要靠制度治党作保障，制度治党应以思想建党为基础。二者一柔一刚，同向发力、同时发力，为保持党的建设理论先进性、时代性注入新活力，不断增强全面从严治党的系统性、创造性、实效性。单兵推进、封闭运行、体内循环、党建和业务工作融合不够是当前党建工作中存在的突出问题。必须坚持问题导向，立足把问题解决在基层、把矛盾化解在基层的原则，既要加强顶层设计，又要联系本单位、本部门实际，创造性地贯彻落实。注重组织设置、领导体制、干部配备、党员动态管理、活动方式等方面的创新，坚持以城带乡，城乡联建，建立健全党的基层组织互助机制、共建共创机制。对事关全局的重大问题、重点工作，主要负责同志要亲自安排、亲自调度、亲自督办，研究重点突破的措施和办法。既要突出重点，又要统筹兼顾，协调推进。从各个领域、各个方面加强各种资源的协调配合，整合及利用各种人才、教育、信息、场所等社会资源，按照互通信息、资源共享、合作发展的原则，积极把握区域发展的新契机，建立城际党建工作资源共享机制，形成推动党建工作科学发展的强大合力。

6. 必须建设“四讲四有”合格党员　党的作风关系党的形象，关系人心向背，关系党的生死存亡。伴随我国改革开放的不断深入推进，我国经济社会发展取得了显著成效，但一些党员干部出现理想信心动摇，违反党纪国法的问题。如果任其发展，不仅严重损害党的形象，还将动摇党的执政根基。对此，以习近平同志为核心的党中央，着眼于党和国家事业的新发展，着眼于全面从严治党的新要求，向全党提出坚持以知促行，做讲政治、有信念，讲规矩、有纪律，讲道德，有品行，讲奉献、有作为的合格党员的要求。我们党的根基在人民、力量在人民、血脉在人民，必须坚持以人民为中心、人民至上的发展理念，不断实现好、发展好、维护好广大人民的根本利益。在新的历史起点上，推进党的伟大建设工程，必须按照四讲四有要求，把党的建设不断引向深入。要以钉钉子精神推进全面从严治党向纵深发展，坚持问题导向，坚持以上率下，一级抓一级，层层传导压力，坚持责任担当，坚持“铸闭环”，打造明责落责问责的完整体系，坚持“两学一做”学习教育常态化制度化，以刚性的制度规定和严格的制度执行，推动改进作风长效化，确保党的建设、作风建设永远在路上。让党的作风的全面好转带动社风民风和政治生态全面更新，确保党始终与人民群众心连心，确保党始终同人民想在一起、干在一起。

7. 必须严肃党内政治生活，打造坚强领导核心 党的十八届六中全会通过的《关于新形势下党内政治生活的若干准则》强调着力增强党内政治生活的政治性、时代性、原则性、战斗性。政治性是灵魂，决定党内政治生活的方向；原则性是准绳，是是非曲直的标准；时代性是党的先进性的重要体现；战斗性是检验党作为一个战斗组织的标准；四者相辅相成，有机统一；以习近平同志为核心的党中央身体力行，率先垂范；各级党组织认真贯彻落实中央精神，旗帜鲜明讲政治，自觉向中央看齐，向党的路线方针政策看齐。坚持问题导向，突出政治意识，按民主集中制原则办事，发扬党内民主，严肃党内政治生活，积极开展批评与自我批评，对照"四讲四有"合格党员标准，深入查找和解决突出问题，进一步强化党性观念，提高党性修养，增强"四个意识"特别是核心意识、看齐意识，更好发挥基层党组织战斗堡垒作用和党员先锋模范作用。上至中央，下至省委、市委、各级党委，都召开专题组织生活会，严格党的组织生活制度，切实增强参加党组织生活的主动性，自觉接受党组织和党员群众的监督。开展谈心谈话，既交流思想、沟通工作生活情况，又相互听取意见、指出存在的问题与不足，广泛征求广大群众的意见。以"四讲四有"为标尺，认真查找在政治合格、执行纪律合格、品德合格、发挥作用合格方面的差距和不足，列出问题清单，进行党性分析，研究整改措施，明确整改方向。严格执行中央各项规定、严格党的组织生活制度、加强党员的教育管理、组织党员发挥作用，加强自身建设。召开党员大会，民主评议党员。按照个人自评、党员互评、民主测评的程序，对党员进行评议。通过自上而下严肃党内政治生活，进一步强化广大党员干部的党性意识，进一步强化党员干部的"四个意识"。在各级党组织中自觉形成了下级服从上级、少数服从多数、个人服务组织、全党服从中央的良好政治局面，以党的十九大为标志，坚持党对一切工作的领导正式成为新时代坚持和发展中国特色社会主义的14条基本方略的重要内涵之一。

时代是思想之母，实践是理论之源。坚持党对一切工作的领导是新时代坚持和发展中国特色社会主义基本方略的重要内容，党的建设、党的理论、党的实践是党和人民事业发展的重要指南，必须高举中国特色社会主义伟大旗帜，以党的十九大精神为指导，坚持理论创新、实践创新、制度创新，坚持围绕中心，服务大局，把党建设新的伟大工程不断推向胜利。

第二节 以中国梦为引领，促进乡村振兴

心系群众鱼得水，脱离群众树断根。在世情、国情、党情发生深刻变化的新形势下，我们党面临着许多前所未有的新情况、新问题、新挑战。实现国家富强、民族复兴、人民幸福、社会和谐的伟大中国梦，需要坚持党要管党，全面从严治党，进一步树立宗旨意识，这既是巩固党的执政基础和执政地位，推进中国特色社会主义事业，实现中华民族伟大复兴中国梦的需要，也是改进党员干部作风建设的需要。

一、准确把握中国梦的基本内涵

中国梦的基本内涵是实现国家富强、民族复兴、人民幸福、社会和谐。对于国家，代表了综合国力进一步跃升的“实力特征”。对于社会，代表了社会和谐进一步提升的“幸福特征”。对于民族，代表了中华文明在复兴中进一步演进的“文明特征”。对于个人，代表了促进人的全面发展的“价值特征”。

中国梦语言朴素，理论视野宽广、内涵丰富，升华了我们党的执政理念，是当今中国的高昂旋律和精神旗帜。我们要学习领会中国梦的精神实质，把握好中国梦的基本内涵、本质属性、实践要求，进一步坚定自信、增强自觉、实现自强，努力建设强盛中国、文明中国、和谐中国、美丽中国。

二、深刻认识心系群众鱼得水、脱离群众树断根的哲理

1. 树立宗旨意识，具有很强的现实性、必要性、紧迫性 在全党自上而下开展党的群众路线教育实践活动，既是加强党的自身建设的需要，也是实现中国梦的需要。客观地说，党员干部整体素质是好的，但也存在着有的党员干部宗旨意识淡薄的问题。在一些地方，出现了少数领导干部损害群众利益的不良现象。我们党的根本宗旨是全心全意为人民服务，这是我们党在长期的革命实践和社会主义建设中不断战胜各种艰难险阻、从胜利走向胜利宝贵经验的总结，更是我们党的立党之本、执政之基、力量之源。但是，一些党员干部中出现了宗旨意识淡化、群众观念淡薄等问题，如道德失范、诚信缺失、信念动摇、作风浮躁、不洁身自好、缺乏使命感等问题，影响了党的威信，损害了党的形象。因此，牢固树立为人民服务的宗旨意识，就成了我们必须面对、必须解决的问题。人心向背，是决定一个政党、一个政权兴亡的根本性因素。面对长期执政、改革开放、市场经济、外部环境的严峻考验，我们必须始终牢记我们党的根基在人民，血脉在人民，力量在人民。必须最大限度地防止脱离群众的危险出现，树立宗旨意识比过去任何时候都更为重要、更为紧迫、更为现实。

2. 新形势下，党面临的四大考验 一是执政考验。作为长期执政的党如何实现科学执政、民主执政、依法执政，做到执政为民，实现党的十八大提出的奋斗目标，这对于党的执政理念和党的自身建设是新的重大考验。二是改革开放考验。改革开放带来了权利的再调整，也带来了利益的再分配，出现了贫富差距过大、分配不公、环境污染、社会建设滞后等问题；改革已经进入深水区，许多深层次问题和矛盾更加复杂，需要我们党以更大的勇气和政治智慧来破解改革发展中的难题。三是市场经济考验。社会主义市场经济的建立对我国经济社会发展产生了积极作用，但也存在一些市场经济带来的消极问题和挑战。自 2008 年金融危机以来，中国经济发展一枝独秀，经济总量已跃居世界第二位。但人口多、底子薄、

发展很不平衡的状况并未根本改变。四是外部环境考验西方国家从各方面对中国施加压力，霸权主义、强权政治依然存在。这四种考验是长期的、复杂的、严峻的，对此，必须有清醒的认识。

3. 新形势下，党面对的四大危险 一是精神懈怠的危险。在现实生活中，有的党员干部精神消极、思想僵化、行动保守、得过且过，主要表现在忽视理论学习、精神退化、缺乏对问题的忧思、满足于眼前的成绩、沉湎于过去的成功等。这种松懈、自满、无为的精神状态，势必损害党在广大人民群众中的良好形象，甚至会使社会矛盾积累而激化。二是能力不足的危险。一些党员干部不注重知识的学习，不重视实践锻炼，推动科学发展、驾驭市场经济、化解社会矛盾、解决复杂问题、做好群众工作、依法民主执政等方面的本领不大。在解决问题时，老办法不管用，硬办法不能用，新办法不会用，以致因小隐患处理不及时酿成重大责任事故。三是党员干部脱离群众的危险。中央提出开展党的群众路线教育实践活动的目的，就是要进一步密切党群干群关系，反对形式主义、官僚主义、享乐主义、奢靡之风。按照“照镜子、正衣冠、洗洗澡、治治病”的总的要求，开展以“为民、务实、清廉”为主要内容的党的群众路线教育实践活动。四是消极腐败的危险。有的党员干部禁不住权力、金钱、美色的诱惑，以权谋私，腐化堕落，最后走入犯罪的深渊。党员领导干部，要始终保持清醒头脑，严格自省、自重、自警、自励。

4. 树立宗旨意识 坚持群众路线，是我们党一贯倡导和弘扬的优良传统和作风，历届中央领导人都高度重视，并付诸实践。毛泽东提出要全心全意为人民服务；把党同人民群众的关系比作鱼水关系；正是我们党坚持了全心全意为人民服务的宗旨，相信和依靠人民群众，才取得了革命的胜利，建立了中华人民共和国。邓小平说：“我们一定要恢复和发扬毛主席为我们党树立的群众路线的优良传统和作风，真正相信和依靠群众，细心倾听群众呼声，关心群众疾苦，一刻也不脱离群众。”江泽民提出我们党要始终代表中国先进生产力的发展要求、代表中国先进文化的前进方向、代表中国最广大人民群众的根本利益。胡锦涛同志指出："只有我们把群众放在心上，群众才会把我们放在心上；只有我们把群众当亲人，群众才会把我们当亲人。"党员干部只有牢固树立、忠实践行党的宗旨，密切联系群众，走群众路线，才能真正做到"权为民所用、情为民所系、利为民所谋"。中央政治局率先垂范中央八项规定，又在全党开展了以"为民务实清廉"为主要内容的党的群众路线教育实践活动，聚焦"四风"建设，反对形式主义、官僚主义、享乐主义和奢靡之风，顺民心，得民意。对于形式主义、官僚主义、享乐主义和奢靡之风，人民群众深恶痛绝，如何始终与人民心连心、同呼吸、共命运，中央八项规定从人民群众反映最强烈的问题入手，既是对群众诉求的一个及时回应，也是新一届领导集体自加压力和高度政治责任感的体现。党的群众路线教育实践活动，就是进一步落实中央八项规定的具体体现。

三、树立宗旨意识，实现中国梦的重要途径

1. 必须坚持宗旨意识，树立马克思主义群众观 党的作风关系党的形象，关系人心向背，关系党的生死存亡。各级领导干部要牢固树立马克思主义群众观点，始终坚持党的群众路线，与人民群众同呼吸、共命运，让人民群众共享改革发展的成果。

2. 必须发扬抓铁有痕、踏石留印的精神，切实改进干部作风 习近平同志指出："空谈误国，实干兴邦"。要按照党的群众路线教育实践活动的要求，聚焦"四风"建设，坚决克服官僚主义、形式主义、享乐主义、奢靡之风，多到基层去，多到群众中去，大兴调查研究之风，狠抓各项任务的落实。不断把人民群众的利益维护好、实现好、发展好。

3. 必须学习和弘扬焦裕禄精神、沂蒙精神、井冈山精神、延安精神 焦裕禄精神、沂蒙精神、井冈山精神、延安精神，是我们党最为宝贵的精神财富和政治财富，我们必须一以贯之地学习好、坚持好、落实好。把精神财富转化为推动工作、改进作风的强大动力，始终牢记两个务必，严格执行中央八项规定、六项禁令，以党

员干部的模范行动带动人、影响人、感召人，推动实现科学发展、和谐发展、跨越式发展，不断增强可持续发展能力。

4. 开展“四心”活动，提升基层组织力　干部深入村（社区）和重点企业，开展“用心学习、真心倾听、贴心服务、倾心实干”活动，进一步密切干群关系，提升基层组织力。聚焦问题深入摸排，下派干部开展“乡村夜话”“说事谈心”等行动，设置留言箱、心愿箱，开展“敲门行动”“搭手帮忙”等多种形式活动，了解群众的所思、所想、所盼。精心梳理分流转办，“四心”队员摸排的问题交由“四心”工作领导小组办公室根据问题性质类别梳理分流，涉及基础设施、基层党建、人居环境、民生保障等。贴心服务倾心实干，聚力聚焦阵地建设、组织活动、队伍建设、村集体经济发展、产业振兴、矛盾纠纷排查、巩固脱贫攻坚成果、人居环境整治、园区党建、文化惠民等十大“规定动作”，倾心帮扶实干。各下派干部主动慰问困难党员群众，组织志愿服务，发展培育产业项目，解决农村群众当地就业，帮助村集体增加经营性收入。

5. “乡村振兴擂台比武”助推“头雁领航”工程走深走实　为提升党组织抓班子、带队伍、谋发展能力，增强党组织书记履职意识，激发“两委”成员干事动力，菏泽市各县区开展了“乡村振兴擂台比武”。以成武县为例，成武县开展村级班子双向述职活动，即村级班子与镇（街）党（工）委、村（居）“两委”班子成员向本村（社区）党员群众代表双向述职以及现场述职。在述职的基础上，开展“乡村振兴擂台比武”活动。分类施策进行，擂台对象分“强基”“创优”“示范”三类村党组织书记；明确打擂任务，以“抓党建促乡村振兴”为主题，从基层党组织作用发挥、集体经济发展壮大、人居环境综合整治等方面进行；分级分层评比，初期以镇街为单位每季度开展1次，先以管区为单位评比，评选出2～3名人选参加镇级评选，最终推选出1～2名参与县级层面比武。县级擂台比武每半年开展一次，由县委组织部统一组织；强化结果运用，县级擂台赛设置比赛名次，颁发荣誉证书，组织名次靠前的书记外出学习，并优先作为评先树优的对象。

进入新时代，许多新情况、新问题、新挑战会不断出现，党员干部要进一步增强责任意识和忧患意识，巩固已有的建设成果，抢抓机遇、勇毅前进，大力营造风正、气顺、心齐、劲足、人聚的良好发展氛围，推动乡村振兴又好又快发展。

6

第六章 高校服务乡村"五个振兴"

高校的五大职能是人才培养、科学研究、服务地方、文化传承与创新、国际交流与合作，认真贯彻落实国家乡村振兴战略，服务地方乡村振兴是高校的重要职能，必须充分发挥地方应用型本科高校的优势，促进教育链、人才链对应行业链、产业链，主动展现高校作为，为服务乡村振兴作出积极贡献。

第一节　依托学科专业优势服务乡村振兴

推进校地紧密合作、产教深度融合，把学校发展和应用型人才培养与区域经济社会发展密切结合起来，着力打造十大应用型专业群和十大跨学科平台，逐渐形成了校地合作、产教融合、共建共享、共生共荣的良好发展态势。

菏泽学院设有本科专业 63 个，涉及农学、文学、历史学、经济学、法学、理学、工学、教育学、管理学、艺术学十大学科门类。学校积极推动开放办学，构建了"院系主体、外事协调"的国际交流合作模式，设立海外教学实习实训、创新创业、人文交流、引智协作基地或中心，"一带一路"教育交流与合作持续扩大，为培育师生的国际视野搭建了良好平台。

菏泽学院坚持"立足菏泽、依靠菏泽、融入菏泽、服务菏泽"的办学方向，积极承担服务地方经济社会发展的大学使命，加强校地合作互动，强化协同育人，探索构建校地合作互利共赢的体制机制，为学校事业发展提供了强劲动力，也为学校应用型人才培养拓展了新的渠道，提供了有利条件。经过几代人的不懈努力，初步实现了规模、质量、结构、效益协调发展，取得了突出成绩。2018年9月6日，《中共山东省委、山东省人民政府关于突破菏泽、鲁西崛起的若干意见》明确指出："加大教育资源供给力度，积极创造条件，支持菏泽学院筹建菏泽大学""支持菏泽学院创建大学科技园"。菏泽学院紧紧抓住这一重大历史机遇，励精图治，改革创新，锐意进取，正在向着建设特色鲜明的高水平应用型大学迈出坚实有力的步伐。

一、明确办学定位

菏泽学院坚持以习近平新时代中国特色社会主义思想为指导，全面贯彻党的教育方针，落实立德树人根本任务，坚守"为党育人、为国育才"初心使命，秉持"应用型、地方性、开放式"的办学理念，践行"创新、协调、绿色、开放、共享"的新发展理念，逐步形成了明确清晰的办学定位体系。在广泛论证、深入调研的基础上，菏泽学院确定了建设特色鲜明的高水平应用型大学的发展目标，明确了发展方向和办学定位体系。2017年12月，菏泽学院三次党代会围绕建设特色鲜明的高水平应用型大学发展目标，提出了"355"三步走发展战略，推出了"三大战略""六大工程"，并将其贯穿于谋划和推动事业发展的各方面、各环节。

二、不断推进应用型人才培养模式改革

以应用型人才培养为目标，深化人才培养模式改革，推动菏泽学院转型发展，修订完善应用型人才培养方案。探索并实施"一体两翼三经五纬"的人才培养模式改革总体设计和"12345"的人才培养方案建设思路，构建起具有自身特色的人才培养模式，不断提升育人质量。

菏泽学院出台《关于进一步加快学校转型发展的意见》《关于进一步推动学科专业转型发展的工作方案》，修订本科专业人才培

养方案，逐步构建应用型人才培养体系。大力推进一流专业和一流课程建设，加大校企合作专业共建力度。深化教育教学改革，加强应用型课程建设，拓展学生“第二课堂”，完善校内教学质量保障体系，促进学生德智体美劳全面发展。宏观上加强一体两翼三经五纬顶层设计，中观上推进专业改造嫁接提升，微观上推进课程改革，大力推进应用型二级学院、应用型学科专业、应用型课程、应用型师资建设，培养适应新时代发展要求的具有核心竞争力的高素质、应用型、国际化人才。

三、加快推进校城融合发展

落实山东省教育厅与菏泽市共建菏泽学院协议，积极构建校地校企合作新模式，坚定地走产教融合、校企合作发展道路。充分发挥省市共建协议和校城融合发展机制的作用，围绕筹建菏泽大学，加快推进三期工程和新校区规划建设，积极推动办学空间拓展。推进“六校帮扶”工作，确保取得实效。加快推进校城融合发展，深化产学研用政合作，搭建多主体育人平台。认真落实《菏泽学院深化产教融合服务新旧动能转换实施方案》，推进产教融合平台建设，提升服务地方工作能力。

四、校企合作

形成校企紧密合作的多元参与、多主体办学机制，形成利益共同体、发展共同体、命运共同体。认真贯彻落实《国务院办公厅关于深化产教融合的若干意见》（国办发〔2017〕95 号）、国家发改委等六部委下发的《关于印发国家产教融合建设试点实施方案的通知》（发改社会〔2019〕1558 号），坚持深化产教融合，促进教育链、人才链与产业链、创新链有机衔接。菏泽学院校企合作始于 2013 年，2016—2018 年大力推进二级学院与企业进行校企专业实质性共建，2018 年起草菏泽学院校企合作专业管理办法，着力打造校企合作升级版，实行动态管理。与达内时代科技集团共建 AI+人工智能学院；与曙光瑞翼教育合作中心共建数据中国百校工程。2019 年校企合作学费分成共建专业达到 20%，其他所有应用型专业，通过理事会建设，探索多种形式的校企共建。

五、学用结合

一是加强产业性、行业性二级学院建设。坚持“校地共建、资源共享、协调创新对接、政产学研用结合”的思路，2017 年学校深化二级院系改革，对教学院系整合，成立了农业与生物工程学院（牡丹学院）、机电工程学院、城市建设学院、药学院、商学院等16 个二级学院。与政府部门、企业行业共建乡村振兴学院、牡丹学院、教师教育学院、黄河研究院等。对接菏泽行业产业发展，推进服务新旧动能转换重大工程建设“1261”方案。二是开展专业建设。按照校企共商、共享、共建原则，10 个二级学院与 13 家企业共建校企合作专业，不断优化协同育人机制。以二级学院理事会建设为抓手，积极搭建学用结合、校企合作平台。目前，16 个二级学院、2 个分校均建立理事会。成立八大学科组，对接教育部、山东省教育厅新农科、新工科、新医科、新文科建设工作，对人才培养方案、课程设置等进行论证、规划。加强专业内涵建设，打造一批省级高水平应用型专业群。加大专业动态调整力度，适应行业产业发展需求。出台《菏泽学院校企合作专业管理办法》，打造校企合作专业升级版。三是坚持三个紧密对接原则。学科专业设置与区域经济社会发展需求紧密对接，教学内容与职业标准紧密对接，教学过程与生产过程紧密对接。教育部校企合作协同育人项目获批近60 项；学生毕业设计（论文）在实验实习、行业一线和社会实践中完成的占比，理工农类专业达到 90%以上，人文社科类专业达到 36%以上。应用型人才培养取得明显成效，毕业生、家庭和社会满意度明显提高。

六、联合研发

依托省级重点实验室、工程研究中心、协同创新中心、校企共建协同创新中心和智库平台等，结合地方企业需求，充分发挥学校的人才优势和企业的资源优势，与企业共建新型研发机构，设立联合实验室，合作研发项目，联合科技攻关。如校企共建菏泽市青山羊提纯繁育重点实验室等研究平台。现有校企共建协同创新中心1个（鲁西南特色高效循环生态农业协同创新中心），国家联合科技攻关项目1项（熟地黄关键生产技术优化及其产业化）；校企共建技术转移转化、研究平台1个，开展技术研发、技术转让、技术咨询、技术服务、社会经济发展重大问题研究，取得有关研究成果20余项。

面向乡村振兴战略开展乡村振兴研究，与菏泽市共建菏泽乡村振兴学院，积极服务菏泽乡村振兴。

七、打造高素质、专业化、应用型的师资队伍

抢抓山东省委、省政府“突破菏泽、鲁西崛起”重大机遇，大力实施“人才兴校”战略，积极推进菏泽学院向应用型本科高校转型发展。通过“人才引育并举、师资校城融合、双师实践建设、岗位分类评价、师德一票否决”五项举措齐头并进、主动作为，着力打造高素质、专业化、应用型的师资队伍。

1. 人才引育并举　围绕学校十大应用型专业群和十大跨学科创新平台建设，以青年优秀博士和应用型高水平人才为重点，以泰山学者、泰山产业领军人才等高层次专家为突破口，引进培养高层次专家30人以上；从乡村振兴、牡丹研究、生物医药、能源化工、商贸物流、非遗文化等方面组建在山东省内具有发展优势的高水平研发团队，为应用型大学建设提供坚强的智力支持和人才保障，为服务区域经济社会发展、乡村振兴奠定人才基础。

2. 师资校城融合　落实《关于加快校城融合发展的意见》，鼓励专兼结合，加快校城人才融合发展。制定校地高层次人才双向交流制度，加快外聘教师队伍建设，配齐配强能够满足应用型人才培养的教师队伍。制定聘请行业企业优秀人才担任专兼职教师的实施办法，从行业企业、实务部门、国家机关等全职引进具有行业企业工作经历和丰富实践经验的优秀人才，聘请一批行业企业的技术专

家（骨干）和能工巧匠联合组建教学团队，参与学校应用型人才培养。制定横向课题管理办法，鼓励教师积极主动服务区域经济社会发展，服务地方乡村振兴，服务黄河流域生态保护与高质量发展规划。

3. “双师”实践建设 突出实践应用，实施全员培训工程，把“双师型”教师作为师资队伍建设的龙头工程，按照“专业岗位实践性强、社会需求匹配度高”的原则，契合区域经济社会发展和菏泽市“231”特色产业体系，建立“双师型”教师培训基地。制定新入职教师到行业企业、国家机关学习锻炼制度，鼓励教师开展职业技能证书考核、创新创业指导、行业技能培训、技术联合攻关、挂职兼职等实践活动，提升教师实践教学能力，推动学校向应用型本科高校转型发展，让教师在服务乡村振兴战略和区域经济主导产业发展中大展身手。

八、应用型专业群服务乡村振兴

菏泽学院本着“校地共建、资源共享、协调创新对接、政产学研用结合”建设思路，设置了现代农业与现代农副产品加工、生物医药、牡丹产业等十大应用型专业群，对接地方十大产业。目前有本科专业 63 个，覆盖 10 个学科门类，应用型专业（方向）数量超过 70%；升级改造传统优势专业，加强新专业建设。出台《关于品牌、特色专业建设工作的实施意见》（菏院政字〔2006〕102 号），现有省级综合改革试点专业 1 个，山东省高水平应用型专业群 5 个，省级卓越工程师培养计划项目 2 个（图 7）。

认真实施新专业建设工程，采取多项措施加强新专业建设；大力实施学科专业建设“质量工程”，制定相关文件，积极推进一流本科专业建设。

发挥学科专业优势、人才优势，大力推广农业新品种、新技术、新方法。有针对性地加强科技特派员、科技副总队伍建设，服务群众的大田种植、设施大棚、特色养殖、葡萄栽培、农产品网络销售等需求，服务农业龙头化企业。开展科技培训、教师培

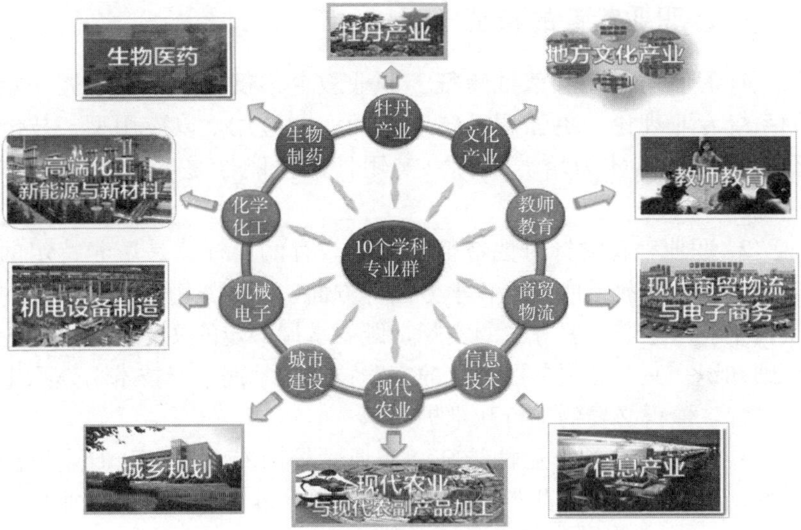

图7　十大专业群对接地方十大产业情况

训、新农人培训。大力培训农业科技人员和新农人，积极培训轮训菏泽市中小学校长、农村中小学教师。聘任国内知名专家为牡丹研究院、乡村振兴学院的院长，助推菏泽乡村振兴高质量发展。

第二节　大力培养职业教育人才服务乡村振兴

职业教育是我国教育的重要组成部分，发展职业教育既是建设创新型国家的需要，也是推进乡村振兴的需要。抓好“中国特色职业教育”，有利于劳动力就业，产业结构优化升级也需要培养更多的高级技工，重要的是能把中国巨大的人口压力转化为人力资源优势。因此，探析职业教育发展存在的问题和成因，研究加快职业教育发展的措施，既是一项战略性任务，又是一项重大的科研课题。

一、职业教育的特征

1. 职业教育的实践性特征 职业教育不仅要求学生掌握一定的系统专业理论，更强调系统理论的实际应用，以应用型、技能型、实践型人才为培养目标。实用性、技能性是实践性的具体体现。

2. 职业教育的针对性特征 职业教育的目标就是培养特定的职业人才，在教学内容、教学方法等方面，都要紧密联系发展中的现代企业（生产、服务）的实际，既要掌握一定的文化和技术理论基础知识，又要必须掌握一定的实践技能，掌握生产技术，熟悉生产过程，懂得必要的运行和维护知识。

3. 职业教育的行业性特征 职业学校的专业设置和专业技能教育，决定了学校在此类行业的需求下要培养相应的各类职业技术人才。

4. 职业教育的地方性特征 职业教育的主要任务就是为当地经济建设服务，为区域经济发展服务，因此，职业教育发展要紧紧围绕当地产业发展的实际，突出地方性。

5. 职业的动态性特征 形势的发展，产业结构的调整，城乡协调发展，促进了各类职业人员的流动，职业的动态性已成为现代社会的一个显著特征。

二、职业教育发展存在的问题及成因

（一）职业教育发展存在的主要问题

1. 招生难 职业教育学校普遍存在生源不足，招生下滑问题。中等职业教育发展面临制约因素，招生难是制约职业学校发展的一大瓶颈。

2. 生源质量低 客观上讲，一是职业教育院校与其他普通高校相比，缺乏竞争优势；二是伴随普通高校扩招，职业教育生源相对减少。因此，造成职业教育生源质量低。

3. 就业难 社会转型时期社会失业人数增加，企业用工少。

伴随工业机器人的应用，企业智能化水平提高，企业用工岗位有限。在"普高热"和"就业难"的挤压下，人们对职业教育的发展产生了疑问，职业教育面临很大挑战。

（二）成因分析

1. 传统择业观念影响　在我国，传统择业观念根深蒂固，受"劳心者治人，劳力者治于人"观念的影响，一些学生和家长固执认为："只有上大学，才能有高收入，才能过上高水平、高质量的生活。"社会上轻视职业教育的思想依然存在，独生子女增多，家长"望子成龙"心切，一部分考生不愿报考职业院校。社会崇尚脑力劳动、鄙薄体力劳动、鄙薄劳动技术的观念由来已久，也导致鄙薄职业技术教育。

2. 社会转型时期就业压力的影响　我国经济增长方式正在由线性经济向循环经济转变，由传统生产方式向现代生产方式转变。经济转型意味着生产力将得到极大解放，同时，也意味着企业释放出多余的劳动力，就业压力加大。因此，导致职业教育缺乏吸引力。

3. 学校治学观念不适应形势发展要求　学校治学观念不适应市场经济发展要求，过去是"大鱼吃小鱼"，现在是"快鱼吃慢鱼"。只有与时俱进，不断深化改革，才能不断增强职业教育竞争力。

4. 政策扶持不到位　近年来，普通高等教育发展得比较快，教育天平上的砝码明显偏向了高等教育和普通高中。对职业技术教育重视不够，政策扶持不够，经费投入不足。

三、职业教育发展对策

1. 认识到位——充分认识发展职业教育的重要性和必要性　发展职业教育是由我国的国情决定的。我国既需要发展知识密集型产业，也需要发展各种劳动密集型产业，经济建设和社会发展对人才的需求是多样化的。既要培养数以千万计的专门人才，也要培养数以亿计的高素质劳动者。据有关资料显示，在世界发达国家，高、中、低技术产业的比例分别占19%、29%和52%；在我国，低技术含量产业要占60%。从某种意义上说，发展职业教育就是发展现实的先进生产力，是关系到我国经济发展的大事。有“中国硅谷”之称的中关村，就业人员比例中研究生和本科生只占43.2%，更多的还是职业教育毕业生。因此，国家应出台相关政策，积极扶持职业教育的发展，加大对职业教育经费的投入，尤其是实习训练基地建设的投入。

2. 创造条件——培养学生的职业迁移能力 一是培养学生适应现代快节奏工作和生活的能力，能始终保持旺盛的精力和良好的精神状态，有健康的身体作支撑。二是培养学生良好的心理素质，能较快地适应反差巨大的工作环境、生活环境，能较快接受并适应不同的生活方式、专业领域，适应性强，有吃苦耐劳精神。三是培养学生的创业能力和再就业能力，能较快学习掌握跨行业、跨职业的知识和技能，能很快调整自己，适应不断变化的工作和环境。

3. 面向市场——按照产业结构调整的要求办学 职业教育纵向的层次结构和人才规格结构，职业教育专业设置和课程设计，必须面向经济社会发展的主战场，适应市场需求、企业需求的新变化。适应社会发展、产业转型升级的需要，动态调整优化专业设置。围绕产业发展需要，超前考虑、超前调研、超前论证，及早提出发展对策，市场需要什么人才，就培养什么人才。为此，应实行开放办学，建立与行业、企业互为依靠，双向参与的运作机制，实现教育资源与社会资源的互惠共享，实现学校与企业的双赢。

4. 体现特色——职业教育要突出地方特色、行业特色、专业特色、职教特色 一是突出地方特色。坚持为地方经济、社会发展服务和培养人才，以服务求发展，以作为求地位。二是突出行业特色。不同类型的职业学校都有自己的优势和侧重点，这是学校多年发展积淀的结果。不同的职业学校都应从自身实际出发，发挥行业优势，培养本行业的专门人才和行家里手。三是突出专业特色。专业建设是学校发展的龙头和关键，特色职业学校必须有自己的名牌特色专业。在特色专业建设中，避免专业建设中的趋同化和贪大求全，集中力量建设部分优势专业，特别是受学生欢迎和市场急需的专业。四是突出职教特色。体现职业教育的岗位针对性、职业性和实践性。

5. 顺应需求——职业技术教育专业设置体现现代性　现代社会快速发展，要求职业教育专业设置应具有现代性。为此，专业建设应坚持如下原则：企业需求原则、相对稳定原则、广泛适应原则、能力培养原则和职业发展原则。一方面重点在迅速增长的就业领域里开发新的专业，构建新的专业群。另一方面，对现有专业做好改造、发展、提升工作，加速现有专业的现代化。

第三节　深化产教融合助推乡村振兴

进入21世纪，我国高等教育快速发展，为社会主义现代化建设培养输送了大批高素质人才，为我国经济社会发展作出了重大贡献。但人才供给侧和产业需求侧在结构、质量、水平上不能完全适应，人才培养与社会需求脱节的问题依然突出。深化高校产教融合，推动高校转型发展，促进教育链、人才链与产业链、创新链有机衔接，是高等教育面临的重大课题。国务院办公厅印发《关于深化产教融合的若干意见》《国家产教融合建设试点实施方案》，教育部办公厅、工业和信息化部办公厅印发《推进本科高校现代产业学院建设实施方案》，为深化校企合作、产教融合指明了方向，为高校转型发展提供了根本遵循，是高等教育变革的大势趋势，是应用型本科高校建设的必由之路，是服务乡村振兴的重大举措。

一、深化产教融合的理论渊源

1. 国外产教融合理论的产生与发展　德国双元制模式是产教融合理论与实践深度融合的成功典范，其课程设计以职业需求为导向，围绕职业需求这一核心，主动面向生产一线实践要求。德国双元制模式理论课程设计是以职业活动为中心选择课程内容，理论课覆盖了专业所需的所有理论，知识面宽，覆盖面广，跨界力度大，融合效果好。具有综合性强、指导性强、实用性强、难易适中的特点，有利于培养学生综合分析问题和解决问题的能力。课程的选择都是由教学经验丰富的业内专家综合编排撰写，更注重直接性的职业经验。正是由于德国的双元制教育模式的针对性、实效性、前瞻性、成功性，促进了德国的经济腾飞，助推了德国工业的高质量发展。德国双元制模式的成功实践，从理论到实践为我国高校产教融合起到了示范、引领和导向作用，为推动高校向应用型转型发展提供了有益借鉴和成功范例。

2. 我国产教融合政策演变历程 产教融合是对工学结合这一概念的演变深化，并不是一个新的教育思想。改革开放以来，产教融合从理论到实践不断探索完善。从国家层面看，1991 年《国务院关于大力发展职业技术教育的决定》中提倡产教融合，工学结合，第一次出现产教融合概念。1994 年《国务院关于〈中国教育改革和发展纲要〉的实施意见》提出要走产教融合的路子。1996 年《中华人民共和国职业教育法》中规定，职业教育应当实行产教融合。2004 年《教育部等七部门关于进一步加强职业教育工作的若干意见》提出“推动产教融合，加强校企合作”。2010 年国家提出促使职业教育规模、专业设置与经济社会发展需求相适应。2014 年国务院提出要建立健全产教融合制度，制定与产业发展对接的教育教学同步改革措施，推进产教融合机制建设。党的十八大以来，党中央国务院更加重视产教融合问题。《国务院办公厅关于深化产教融合的若干意见》（国办发〔2017〕95 号），对改善我国产教融合发展状况具有重要意义。2018 年 3 月教育部在北京召开了第一次产教融合协同育人对接会；11 月 16—17 日，在山东枣庄召开了新时代、新动能、新融合、新发展的产教融合平台建设经验交流会，提出向“大平台＋”迈进；11 月 23—24 日，在北京召开第二次产教融合协同育人对接会。2019 年全面深化改革委员会第九次会议通过《国家产教融合建设试点实施方案》，国家发展和改革委员会等六部委下发文件，要求深化产教融合，促进教育链、人才链与产业链、创新链有机衔接，统筹开展试点，落实政策支持，加强组织实施。坚持统筹部署、协调推进；优化布局、区域协作；问题导向、改革先行；有序推进、力求实效的原则，推动经济发展质量变革、效率变革、动力变革，助推我国经济高质量发展。从省级层面看，2020 年山东省教育厅等出台《山东省教育厅 山东省财务厅关于推进应用型本科高校建设的指导意见》，首批评选出 22 所高校重点支持建设。2021 年山东省出台了《产业学院建设实施方案》，支持引导高校校企共建产业性学院。2020 年教育部 山东省人民政府：部省共建职业教育创新发展高地，出台了《教育部 山东省人民政府关于整省推进提质培优建设职业教育创新发展高地的意见》。以共建为契机，聚焦山东经济社会发展和职业教育发展需要，努力在发展道路、发展模式、政策体系、体制机制等方面进行有益探索实践，形成可推广、可复制的经验做法。

3. 我国产教融合发展经历的四个阶段　第一阶段就是校办企业，校企融合；如北大方正、清华紫光。第二阶段是校企合作、产教融合。一方面企业重视的是产品生产和经济效益，既无法免费提供师傅带徒弟的实践模式，也不能形成学生实习实训的规模化；另一方面，没有一定人力、财力、物力的投入，企业也很难开发出适合院校学生实践的有效实训内容。第三阶段是三方协作，协同育人。为实现学校和企业之间有效对接实训，诞生了第三方公司。第三方公司专门把企业的实训案例总结提炼出来，形成行之有效的课程体系，输送到大学里去。如达内时代科技集团。课程建设来自行业驱动，课程设计紧跟行业发展需求。市场化、专业化运作是推动产教融合、协同育人的必由之路，是提升高校人才竞争力的必然选择，是教育走向世界、引领世界发展的大势。这一阶段主要以校企合作共建专业或专业群为依托，充分利用共建专业可以提高学费的政策优势，校企双方按适当比例对学费分成，实现合作共赢发展。第四阶段是校企合作，共建产业型学院。按照专业群服务产业群的原则，校企共建产业型学院，主动对接国家战略和省、市区域产业发展需求，逐步探索实践混合所有制模式。

二、产教融合助推乡村振兴的重要性、必要性

1. 深化产教融合，校企合作是国家的一项大战略 党中央、国务院高度重视产教融合工作，先后下发了《关于深化高等学校创新创业教育改革的实施意见》（国办发〔2015〕36号），教育部、国家发改委、财政部关于《关于引导部分地方普通本科高校向应用型转变的指导意见》和《国务院办公厅关于深化产教融合的若干意见》（国办发〔2017〕95号），2019年9月25日国家发改委、教育部、工业和信息化部、财政部、人力资源社会保障部、国资委六部委下发《国家产教融合建设试点实施方案》的通知。

2. 支持菏泽学院向应用型转型发展，走校企合作、产教融合发展之路 山东省委、省政府出台《中共山东省委、山东省人民政府关于突破菏泽，鲁西崛起的若干意见》，支持菏泽学院筹建菏泽大学、建设大学科技园。山东省教育厅和菏泽市人民政府共建菏泽学院，实行省内高校学科专业对口帮扶政策。菏泽市政府下发《菏泽市人民政府关于支持菏泽学院向应用型转型发展的意见》，菏泽市委、市政府加大对菏泽学院的支持力度，将支持菏泽学院建设"有特色、高水平、应用型大学"纳入了"十三五"事业发展规划，支持菏泽学院向应用型转型发展，支持共建菏泽乡村振兴学院。

3. 地方性、应用型、开放式办学定位决定了菏泽学院必须走产教融合、开放办学之路 菏泽学院党代会制定了"355"发展战略，明确了建设特色鲜明的高水平应用型大学目标。认真贯彻落实菏泽学院党代会和教代会精神，主动适应我国经济发展新常态，主动融入产业转型升级和创新驱动发展，适应新旧动能转化，推动菏泽学院转型发展。菏泽学院紧紧围绕建设特色鲜明的高水平应用型大学目标，紧紧围绕"一体两翼三经五维"人才培养模式，紧紧围绕省教育厅、菏泽市共建菏泽学院确定的主要三大共建任务，积极筹建菏泽大学；建立菏泽学院校地合作发展新机制；促进菏泽学院走产教融合、校企合作办学之路。按照校企合作、资源共享、协同创新对接、政产学研用结合原则，整合社会资源，深化校企合作，

促进产教融合，创新人才培养，打造校企合作升级版，提高学生就业创业能力，全面提高学校服务区域经济社会发展和创新驱动发展的能力，积极服务国家乡村振兴战略，促进乡村振兴。

4. 校企合作、产教融合的重要作用　校企合作有利于弥补高校“双师型”教师短缺的短板，有利于把企业优质资源引进学校，有利于创新人才培养模式，有利于提高毕业生就业质量，有利于提高毕业生对口就业率，有利于实践平台建设，有利于学科专业建设，有利于提高服务社会能力，有利于高校转型发展，有利于实现7个共同，即共同制定应用型人才标准，共同完善人才培养方案，共同构建教学体系和教学内容，共同建设实训基地，共同组建教学团队，共同实施培养过程，共同评价培养质量。最终有利于学校提高应用型人才培养质量，提高学校应用创新能力和服务地方水平，更好服务乡村“五个振兴”。

三、深化产教融合、推动校企合作共建的原则

坚持“优势互补、互惠互利、资源共享、共同发展”的原则；坚持为区域经济社会发展服务、为学校人才培养服务的原则；坚持学校统一协调管理和二级学院具体管理落实的原则；坚持严格资格审查、突出过程考核、效果考核原则；坚持动态管理，实行优者进、劣者汰原则；坚持深化合作、创新合作模式原则；坚持在发展中规范，在规范中提升原则；坚持校企（政）合作、资源共享、协同创新对接、政产学研用结合原则；坚持政府宏观管理、学校依法自主办学、市场适度调节、社会广泛参与原则；坚持创新、协调、绿色、开放、共享的新发展理念原则；坚持高端定位、高点起步、高标准建设，重点面向一线城市，开展校企合作共建，打造校企合作升级版原则；坚持走产教融合、校企合作办学之路原则；坚持突出重点，聚焦重点产业、优势产业、特色产业实施产教融合、推进产业学院建设原则。促进教育链、人才链与产业链、创新链有机衔接，实现人才引领发展、产业创新发展、经济高质量发展相互贯通、相互协同、相互促进原则；坚持以平台建设为抓手，以城市为

节点、行业为支点、企业为重点，促进教育和产业体系人才、智力、技术、资本、管理等资源要素集聚融合、优势互补，打造支撑高质量发展新引擎。

四、学校转型发展的重要标志

高校转型发展的重要标志是实现九个转变。一是在目标定位上，聚焦目标、精准定位，主动服务地方，对接行业产业，培养服务区域经济社会发展需要的高素质本科应用型人才。二是在培养层次结构上，注重应用型本科教育，依托帮扶高校、联合有硕士点的高校共同开展双导师制研究生教育，创造条件完善硕士研究生教育。三是在专业建设上，适应新旧动能转化需要，改造提升传统学科专业，新上新工科、新农科、新文科、新基建专业。四是在学科建设上，突出构建应用性学科体系建设，促进应用性学科与应用型专业相互支撑，协同共生。五是在科学研究上，注重应用性研究和技术开发，加强校企合作横向课题研究，注重科研成果专利的转化与推广应用。六是在培养方式上，坚持跨界融合，创新发展。探索实践 2+1、3+1 分段教学模式，增强学生的社会适应力、可持续发展力和社会竞争力。七是在课程体系设计上，注重应用型人才知识、能力、素质培养，通识课程与专业课程、理论教学与实践教学、学科专业基础与职业技能训练统筹兼顾、相得益彰，增强课程重组、课程建造的针对性、实效性、应用性。八是在师资队伍建设上，重视教师的实践应用能力培养和“双师型”教师队伍建设，坚持走出去、请进来，苦练内功，提升本领，在服务高质量人才培养和区域经济社会高质量发展中彰显能力、水平和本领。九是在质量保障体系建设上，强化应用型人才培养导向，优化指标体系和评价方式，重视外界的评价与反馈。

五、转型发展存在的问题与成因

1. 关于支持高校向应用型转型发展的政策问题　改革是实现高质量发展的法宝和动力。什么是应用型大学？人才规格、培养目标、培养过程有何标准？支持转型的配套政策保障，国内外办学规律研究，既有理论上要回答的问题，也有政策保障支撑的问题。2020年前山东省还没有出台促进本科高校转型发展的实施意见，从教育部到省教育厅还没有彻底解决好高教、职教融通的问题，高教和职教还是两条线运行。如何通过体制机制创新保证转型发展还是一个现实问题。如何建立职教、高教立交桥，实现相互贯通需要教育主管部门出台相应政策给予支持。2020年10月省教育厅出台了《山东省教育厅、山东省财政厅关于推进应用型本科高校建设的指导意见》，提出了基本思路，建设重点、推进步骤、建设措施和山东省应用型本科高校建设指导标准（试行），2020—2022年，按照“同步推进、重点支持”原则，在省属非博士、硕士学位授予权高校全面推进应用型高校建设，根据学校建设基础和转型发展推进情况，分三批遴选推进成效明显的高校，2021年、2022年山东省财政分批次给予重点支持。

2. 抢抓机遇意识、快速反应能力、主动出击能力 近年来，地方性本科高校不断拓宽办学思路，按照校地互动、资源共享、协同创新对接、政产学研用结合的原则，在合作办学方面取得了长足的进步和发展，广泛吸引社会各界参与人才培养方案的修订完善，人才培养质量不断提高。但是，与浙江、江苏省高校相比，抢抓产教融合的机遇意识、快速反应能力、主动出击能力方面都存在短板。

3. 合作的高度、深度、广度有待提高 与政府、行业、企业、社会贤达等多种社会力量合作办学的机制较为松散，校企合作制度不够完善，社会力量对人才培养的关注和投入不够系统深入，可持续性相对较弱，合作的深度、广度有待提升。如何寻求行业、企业与高校学科专业建设的对接点、切入点，推进产学研用结合，推动学校转型发展，建设特色鲜明的应用型本科高校，促进学科专业设置与区域经济社会发展需求紧密对接，教学内容与职业标准紧密对接，教学过程与生产过程紧密对接，仍然任务艰巨、任重道远。

4. 学校服务乡村振兴、地方经济社会发展的参与度、契合度、

服务力有待提升 由于受传统惯性思维影响，教师走出去、请进来还有较大提升空间，社会服务能力不足、社会认可度不高。合作意识、筹划能力相对欠缺。对各级、各类合作育人项目的策划能力不强；学校凝聚社会力量参与办学的组织形式有待探索创新，对社会关于人才培养的实际需求及发展导向研究不够，导致提供社会服务的吸引力不强，社会力量参与办学的积极性不高。对人才培养的深度合作从理论到实践有待深入系统研究，社会力量协同育人的合作机制有待完善。推动我国经济发展质量变革、效率变革、动力变革，助推经济高质量发展，要求高等教育必须变革，改变传统的教学模式、办学模式，坚持社会需求导向，全面加强“双师型”队伍建设，苦练内功强本领，不断提升教师课堂教学能力和应用实践能力，主动进入经济社会发展的主战场，在推动区域经济社会高质量发展中一显身手。坚决防止人才培养与社会需求脱节的问题，教育链、人才链与行业链、产业链脱节的问题。

5. 部分教师服务社会能力存在短板，服务能力有待提高 由于教师本身工作的局限性，一些教师与企事业单位交往少、联系少、合作少，缺平台、缺资源、缺项目，主动服务乡村振兴、地方经济社会发展主战场能力不足，缺乏底气，存在畏难怯战情绪，对于从高校毕业直接到高校工作的年轻教师更是如此。缺乏实战经验，缺乏实践历练，学习理论知识多，实践岗位锻炼机会少。因此，导致说功好、做功差，理论与实践无法有机结合，突出表现在服务社会、企业能力存在明显短板，企业认可度不够、知名度不高、影响力不大。一方面校内的教师走不出去，缺乏行业企业经验和历练；另一方面行业企业优秀人才全职到学校任教工作不畅通。原因在于职称评聘的政策导向指挥棒作用发挥不够，必须明确规定，对无企业行业经历的新入职教师，必须到企业、机关学习锻炼，并作为职称提升的必要条件、刚性要求，这既是提升教师应用型服务能力的需要，也是建设应用型本科高校的必然要求。

6. “双师型”教师队伍建设在数量和质量上均存在不足，有待加大建设力度 由于实习环节存在堵点，实践育人存在薄弱环节，培养技能型、应用型、创新型人才面临突出问题。高素养的“双师型”教师规模增长、质量提升的速度不能满足产业发展的现实需要，“双师型”教师数量偏少，补充存在困难。这些问题和短板，势必影响我国新时期对应用型、技能型、复合型、创新型人才的迫切需求，制约我国人才培养的总体质量。

六、产教融合的路径选择和创新实践

1. 必须坚持解放思想，以思想的解放，推动产教融合的大发展 检验高校人才培养的最终标准是社会需求，符合国家产业发展战略需要，教育链、人才链与行业链、产业链有机衔接，在市场经济浪潮中具有较强的核心竞争力。为此，必须深入开展应用型本科高校转型发展大讨论活动，进一步解放思想，在解放思想中统一思想，更新观念，抢抓山东省委、省政府突破菏泽、鲁西崛起的重大战略机遇，抢抓教育部、山东省共建国家职业教育创新发展高地的重大战略机遇，学习借鉴东莞理工学院、常熟理工学院的成功做法，通过嫁接改造提升，资源整合重组，聚焦重点，由点到线，由线到面，逐步深化，推动产教融合落细、落实、落地，在高校开花结果。

2. 必须坚持产教融合模式创新，丰富合作的新形式、新内涵 伴随高校改革不断深化，产教融合从理论到实践不断完善，形式更加多样，内涵更加丰富。人才培养方案依据产业发展需求不断修订完善，人才培养要更好服务国家发展、服务经济结构调整和产业升级。坚持教育链、人才链对接行业链、产业链。根据企业需求，积极开展“订单式培养模式”，将企业设计的课程、急需的课程镶嵌入教学方案中；完善学生在学校完成理论学习再进入企业实习锻炼的“工学交替模式”；产学研合作模式；校企合作本科“3+1”、专科“2+1”模式；本科前3年（专科前2年）在校学习，第4年（专科第3年）到企业强化实践应用学习；实行开门办学，有效解决毕业生能力与企业要求不匹配问题。

3. 必须坚持推进校城融合，建立校地合作发展新机制 山东省教育厅、菏泽市人民政府签署了共建菏泽学院协议，明确了三大主要共建任务：积极筹建菏泽大学；建立校地合作发展新机制；坚定不移走校企合作、产教融合发展之路。立足菏泽、融入菏泽、依托菏泽、服务菏泽，为菏泽经济社会发展提供人才和智力支撑，是菏泽学院推进菏泽科学发展，实现后来居上的重要职责。为此，菏泽市委、市政府与菏泽学院出台了《关于加快校城融合发展的意见》，建立了市校联席会议制度，坚持校地互动、互利共赢，以此推动校地共建、校企共建、服务向地方纵深发展，服务乡村振兴取得重大进展。

4. 必须坚持需求导向，紧密结合国家战略和地方发展需求 以建立需求导向的学科专业结构和创新创业导向的人才培养类型结构为中心，使学校学科专业群对应行业产业群，逐步探索实施双院长制，把学校的发展、应用型人才培养与区域经济社会发展结合起来，提高应用创新能力和服务地方水平，推动学校向应用型转型发展，坚持校地互动，突出重点，强化特色，打造亮点，建设精品，实现合作共赢、共同发展，形成利益共同体、发展共同体、命运共同体。在生物制药、高端化工、现代农业发展、乡村振兴、智能化建设等方面共同发力，形成强大发展合力。

5. 必须坚持深化改革，以制度创新激活发展的新活力 二级学院、学科专业设置紧盯国家新兴战略性产业和地方经济社会发展需求，调整优化二级学院及专业学科布局，坚持管理中心向二级学院下移，充分调动学校、二级学院的积极性。围绕山东省财务拨款制度改革和高校目标考核，出台相应配套改革制度和实施办法，强化制度的正向激励作用，真正实现多劳多得、优劳优酬，切实解决干多干少一个样、干好干坏一个样的问题。围绕高校、区域产业发展需要，重点引进亟须的高端人才，以高层次人才助力学科专业和重点产业实现高质量发展。以产业学院建设为抓手，深化校企合作产教融合，为地方经济社会发展提供强有力的人才支撑和智力支持，培养留得住、用得上、本土化的应用型、技能型、复合型、创新型人才，为乡村振兴提供人才支撑。

6. 必须坚持为产教融合、校企合作不断搭建新平台　建立理事会、校友会、基金会是构建现代大学制度的要求，是办学体制机制的创新，是应用型大学人才培养的需要。各级党委，政府要高度重视校城融合、校企合作共建，鼓励社会资源参与改革发展和人才培养，构建起学科建设、科学研究、人才培养三位一体的协同育人机制。以理事会、师生发展联谊会为平台，实现资源共享。菏泽学院以理事会、师生发展联谊会为抓手，坚持自下而上、成熟一个、成立一个的原则，积极推进合作平台建设。所有二级学院（分校）均成立理事会、校友会，并聘任兼职教授100余人；与鲁西新区、牡丹区、定陶区、郓城、曹县、成武县、鄄城县、东明县等地方政府和高新技术企业签署战略性合作协议，与500余家党政部门企事业理事单位开展合作共建，形成了多层次立体化协同育人体系。

7. 必须坚持开门办学，形成政府主导，高校主体、市场调节、社会广泛参与的办学机制　建立政府、行业、企业与学校之间良性互动的新型合作关系。注重需求导向，深入探索省市校共建的办学模式，坚持与国家战略和区域发展同向同行，同频共振，通过提供政府决策咨询服务、打造学生创新创业平台、构建人才教育培训基地、投身区域创新体系建设等途径，建立协同共赢、长效稳定的合作办学、协同育人的平台和机制。按照四个一的思路：一个二级学院、一个研究院、一个工程技术中心、一个培训中心。加快推进二级学院建设，逐步形成一学院、一特色、一品牌。建立利益共享的长效合作机制，挖掘校企合作的互补空间，加强与企业的深度合作，赢得企业对学校人才培养实践教学环节的支持，全过程、全方位展开协同育人工作，构建联系紧密的校企合作育人平台；积极争取社会各界和校友支持学校事业，鼓励企业直接参与学校各方面建设，尤其是国家级、省市级自然科学基金项目以及山东省科技攻关项目的申报、实验室建设。进一步深化政产学研合作，拓展服务空间与领域，提升服务国家乡村振兴战略和区域发展及整合社会资源的能力与水平，为培养高质量应用型人才创造良好的外部环境。

8. 必须坚持打造高端平台，向大平台＋迈进　坚持高端平台打造与地方产业升级、企业转型发展相结合，加快发展和建设人工智能、新工科、新农科、新能源，在新一代信息技术、新型农业等领域超前布局，加大投入，建立平台。与达内时代科技集团合作共建，实施协同育人，菏泽学院和达内时代科技集团共建人工智能学院建设项目获教育部规建中心批准。与曙光瑞翼教育合作中心共建数据中国百校工程项目，建立大数据应用创新中心；与教育部学校规划建设发展中心、北京金蓝无忧国际教育科技有限公司开展合作，共建中美产教融合、高水平应用型高校建设项目。通过高端平台项目建设，宏观上加强一体两翼三经四纬顶层设计，中端上推进专业改造嫁接提升，微观上推进课程改革，探索创新人才培养模式，建立适应新时代发展的人才培养创新体系，培养具有核心竞争力的高素质、应用型、国际化人才。以教育部规划建设中心校企合作协同育人项目为依托，搭建山东省具有影响力的产教融合、协同育人平台，打造创新人才培养实验区，服务新产业、新业态、新模式发展需求。

9. 必须坚持对标对表、示范引领，探索产教融合发展的新模式 学习借鉴烟台大学药学院校企共建的先进经验和成功做法。实行高校、企业人才共享共用，一人双岗，两边考核，两边发薪，使药学院得到快速发展，学科专业在全省名列前茅，在烟台大学异军突起。烟台大学药学院的成功案例表明，校企深度融合模式，既有利于实现人才效益最大化，又能提高师资队伍实践能力，提升人才培养质量，同时，还能增加“双师型”教师收入，有利于稳定高水平师资队伍。该做法对于经济欠发达地区具有重要的示范和借鉴作用。为此，必须对标立杆，以先进典型为榜样，学习烟台大学药学院高质量发展的有益做法，做到思想解放、理念超前、求新求变、敢为人先，服务、引领和推动行业产业发展，服务菏泽主导产业，助力菏泽科学发展，后来居上，走出一条属于自己的创新发展之路。

10. 必须坚持“三同四对接五双”协同育人和“三实模式”，创新实践育人新路径 协同育人的关键在于校企协同联动。具体讲就是要做到三同四对接五双协同育人和三实模式。“三同”即学校、企业同为教学主体，学校、基地同为教学主场，教师、工程师同为教学主角。“四对接”即与高水平企业对接，与高标准技术对接，与高要求教学对接，与高质量就业对接。“五双”即双课堂相互融通，双教师同堂授课，双实践有效联动，双主体适时互动，双动力同向驱动。“三实模式”即通过实例分析，训练学生发现问题、解决问题的能力，通过实践训练，训练学生掌握产业实际的工作方式，通过实战检验，面对不确定性的因素，建立获得探索新知识、新技术的能力。

11. 必须坚持服务打造齐鲁乡村振兴菏泽模式，探索实践“五位一体”服务新模式　菏泽学院大力实施服务新旧动能转换工程，围绕决策咨询、技术开发、人才培养、文化传承与创新、共建共享“五位一体”服务模式，充分调动广大师生员工积极性、主动性、创造性。形成以学校为主导、二级学院为平台、师生与服务对象为主体、多方协同推进的工作格局。如农业与生物工程学院专业教师，发挥自身在果树专业技术优势，把科学技术转换为现实生产力，为增加菏泽市及周边地区农民收入、促进地方经济社会发展和乡村振兴、加快脱贫致富步伐作出了积极贡献。服务地方职业教育发展，立足弘扬“一都四乡”文化发展，分别与戏曲中专学校、武校签订了3+2、3+4联合办学协议。

总之，坚定不移推进产教融合是应用型高校发展方向。必须进一步解放思想，大力推进课程建设超市化、专业建设产业化、顶层设计系统化、能力培养集成化、高校教育生态化、管理工作扁平化、学生就业高薪化、产教融合一体化、平台建设高端化、双创能力卓越化。为推动本科高校转型发展探索新路子、总结新经验，为服务乡村振兴探索新路，作出贡献。

第四节　高校服务地方行动计划

菏泽学院地处山东省鲁西南地区菏泽市，是山东省首批确定的应用型本科建设高校。菏泽学院立足菏泽、融入菏泽、服务菏泽，按照五年发展规划，科学制定服务菏泽区域经济社会发展行动计划。一方面主动服务菏泽市经济社会发展加快科学赶超、实现后来居上，另一方面学校为实现“建设特色鲜明的高水平应用型大学”这一目标创造条件、奠定基础、壮大实力。这既是贯彻落实菏泽市、菏泽学院关于加快校城融合的实施意见的重大举措，也是学校从自身实际出发，开创有特色的发展道路的必然选择。

为更好服务菏泽经济与社会发展，学校在《菏泽学院服务菏泽科学发展行动计划（2011—2015 年）》的基础上，根据第十三个、十四个《菏泽市国民经济和社会发展第十三个五年规划纲要》《菏泽市国民经济和社会发展第十四个五年规划和 2035 年远景目标纲要》《菏泽学院“十四五”事业发展规划》，科学制订服务地方经济社会发展行动计划。

一、指导思想

以习近平新时代中国特色社会主义思想为指导，深入学习贯彻习近平系列重要讲话精神和治国理政新思想、新理念、新战略，紧紧围绕国家战略和地方发展，贯彻落实“新发展理念”，坚持“校地共建、资源共享、协同创新对接、政产学研用结合”，以“231 产业”为主导，靶向施策，集中用力，全方位融入菏泽市经济和社会发展，在承担社会责任、服务菏泽中发展壮大自己，以作为求地位，以服务求发展，为实现菏泽科学赶超、后来居上贡献力量。

二、总体目标

围绕菏泽市委、市政府提出的深入实施产业提升、基础突破、和谐创建“四项工程”，全力加快“科学赶超、后来居上”步伐。在人才培养、科学研究、服务社会、文化传承创新等方面都瞄准菏泽市重点领域和重点行业，以项目为纽带，整合办学资源，发挥学科和人才优势，建立学校和地方经济发展协同创新机制，对接社会需要，借力发展壮大。经过校城融合发展、校地合作发展，使学校服务地方经济和社会的能力有一个较大的提升，逐步成为菏泽市重要的应用型人才培养基地、科技创新服务基地和文化普及与传承创新基地，乡村振兴的人才培养基地、新农人培训基地。

三、主要任务

（一）人才培养

1. 充分发挥优质办学理念　围绕山东省十强产业、菏泽市社会、人文环境资源、高新技术，供给侧结构性改革、乡村振兴、现代高效农业，调整优化学科专业结构，重点发展应用型专业，突出素质、知识、能力提升，培养具有创新精神和实践能力的优秀本专科毕业生，将服务地方的办学理念落实到人才培养的全过程。

2. 强化师范类特色教育　发挥学校教师教育优势，与菏泽市教育局等单位合作，建立教师教育发展研究中心和培训中心，共建教师教育学院，实行双院长制度，聘请菏泽市教育局局长兼任教师教育学院院长。实施农村中小学教师素质提高工程，进一步提高菏泽市农村中小学师资队伍的综合素质和业务水平。深入开展师范生实习支教工作，建立起实习、支教、培训一体化的长效机制。强化师范生实践环节，支持农村中小学教育，弥补农村中小学师资不足，置换中小学教师到菏泽学院进修培训，提高中小学教师教育教学水平和工作能力。

3. 充分利用学校各类培训平台　与相关职能部门、企事业单位、农村基层组织合作，为服务菏泽经济社会发展的公务员、技术人员、企业职工、高素质农民提供多种形式的学历教育、非学历教育、资格认证和技术培训工作。

（二）科技服务

1. 生物制药　依托动物生理生化与应用、生理生化与应用2个省高校重点实验室和生物工程省级高水平应用型专业群，与山东大学药学院、青岛大学药学院、山东鲁南药物研究院、山东睿鹰先锋制药有限公司、步长制药集团、容合堂医药集团等共建药学院、生物制药研究中心、工程技术中心和培训中心，开展药物药理的基础研究和新药品的协同开发，为药企提供技术检测和人员培训。

2. 能源化工 依托应用化学省级重点学科和化学工程省级高水平应用型专业群，与东明石化集团、玉皇化工（集团）有限公司、山东睿鹰先锋制药有限公司、山东玉皇新能源科技有限公司、煤炭管理局等共建化学化工学院、能源化工研究中心、工程技术中心和培训中心，开展煤化工、石油化工、精细化工以及新能源、新材料的协同创新和产品研发工作，为企业提供技术检测和人员培训。

3. 机电设备制造 依托理论物理省级重点学科和机械电子工程省级高水平应用型专业群，与达驰电气有限公司、发改委、农机局等共建机电工程学院、智能制造研究中心、工程技术中心和培训中心，以及与莱茵克斯特有限公司共建菏泽学院莱茵科斯特智能制造国际产业学院，开展智能机电设备和工业机器人的协同创新和产品研发工作，为企业提供技术检测和人员培训。

4. 农副产品加工 依托农学、生物学、食品科学与工程等学科专业，与宁波大学、山东农业大学食品科技学院、山东发改委、菏泽市农业农村局、菏泽市林业局、菏泽市农业科学院、山东银香伟业集团有限公司、大树集团、菏泽市出入境检验检疫局、菏泽市科学技术局、菏泽市产品检验检测研究院等共建农业与生物工程学院、现代农业研究中心、工程技术中心和培训中心，以及与大树集团共建大健康学院、大健康研究院，开展现代生态农业的协同创新研究和食品、木材、纺织服装等产品的研发工作，为社会提供技术检测和人员培训。

5. 商贸物流 依托经济学、管理学等学科专业，与菏泽市发改委、菏泽市商务局、天华电商产业集聚园区、猪八戒网等共建商学院、商贸物流研究中心和培训中心，开展商贸服务产业特别是电子商务产业的协同创新研究，服务菏泽电子商务、农村电商、淘宝村、淘宝镇发展，为商贸物流人员提供培训服务。

6. 牡丹产业 依托农学、生物学、食品科学与工程等学科专业，与北京林业大学、菏泽市牡丹产业化办公室、牡丹区政府、盛华农业发展有限公司、尧舜牡丹生物科技有限公司、山东冠宇牡丹产业发展有限公司、丹养元生物有限公司、科学技术局、科学技术协会等共建牡丹学院、牡丹产业研究中心、工程技术中心和培训中心，开展以优质、高产、高效、专业品种为核心的牡丹工程化综合配套技术研究，为社会提供牡丹技术检测和人员培训。

7. 信息技术　依托计算机科学与技术、信息与通信工程等学科专业，与菏泽市公安局、菏泽市工信局、网络监管部门、达内时代科技集团、相关企业共建计算机学院、网络安全研究中心、信息工程技术中心和网络安全与信息技术培训中心，推动信息化与三大产业深度融合，开展网络舆情监控和信息安全的协同创新研究，为社会提供软件开发、测试和信息技术人员培训。

8. 建筑与城乡规划　依托人文地理与城乡规划、土木建筑工程等学科专业，与菏泽市自然资源和规划局、菏泽市住房和城乡建设局、济南市规划设计研究院、菏泽市规划设计研究院、中达建筑集团、丽天建设集团、盛宇集团、垚森建筑集团等共建城市建设学院、建筑与城乡规划研究中心，对菏泽城乡公共资源、土地利用、整体规划进行前瞻性、科学性研究，处理开发与保护的矛盾，保障城乡的文化传承和生态发展。

（三）文化普及与传承创新

1. 地方文化研究　依托历史学、新闻传播学、艺术学等学科专业和水浒文化省级人文社会科学研究基地、山东省非物质文化遗产研究基地，与菏泽市委宣传部、菏泽市文化和旅游局、菏泽市文化广电新闻出版局、菏泽市社科联等共建人文与传播学院、菏泽地方文化研究院，深入挖掘和整合“一都四乡”文化资源，发展演艺娱乐、音像传媒和动漫游戏等文化业态，推进文化与旅游深度融合。

2. 文化普及　实行开放共享工程。逐步向社会开放学校重点实验室、体育文化设施、图书馆等，组织学校师生深入县区、社区，利用大众传媒面向菏泽市民定期举办系列文化讲坛，普及科技文化知识。开展大学生“三下乡”“四进社区”活动。有组织地开展科技服务、文化服务、社会调查、文明共建、乡村振兴等活动，激发大学生社团、志愿者团队参与社会实践活动的积极性，推进城乡文化协调发展。

四、保障措施

实现服务菏泽经济和社会发展的目标和任务，必须充分依靠全校广大教职员工，提供在思想观念、办学理念、体制机制、人才技术、教学资源和政策制度方面的强力支撑。

（一）强化观念

一是准确定位、增强服务菏泽的使命感。“立足菏泽，面向山东，辐射全国，服务区域经济社会发展”的办学服务定位决定了在服务菏泽市经济和社会发展中应当有所作为。二是面向菏泽，找准服务地方的切入点。以服务菏泽经济和社会发展的重大需求为导向，坚持产学研结合。三是坚持特色质量创新，形成服务菏泽的闪光点。

（二）搭建平台

一是整合学科资源，构建十大科技创新平台，建设一批优势特色学科，推进产学研用结合，十大科技平台对应菏泽十大产业行业，增强服务地方能力。二是强化竞争激励，构建政策平台，发挥好政策导向的优势。创新科研管理的体制和机制，制定一系列有利于提高科研水平和促进产学研紧密结合、协调发展的科研管理办法和激励政策；出台服务地方经济社会发展的一系列激励政策措施，为服务地方经济社会发展提供政策支撑。三是汇聚创新人才，构建团队平台，发挥好人才高地的优势。

（三）建设基地

一是建设应用型人才培养基地。当前，菏泽市正处于经济和社会发展的关键时期，这客观上要求教育增强服务经济的能力，建立教育、经济良性互动的机制。学校要根据地方需求调整优化学科专业布局、优化专业结构，不断探索新的人才培养模式，加强学院与地方、企业的对接，为培养基础素质好、实践能力强、发展潜力大的应用型人才打造宽厚平台，使菏泽学院逐步成为菏泽市重要的应用型人才培养基地。二是建设科技创新服务基地。服务国家乡村振兴战略和黄河流域生态保护与高质量发展规划，按照总体部署、明确定位、优势互补、合作共赢的原则，加强以科学研究和技术创新为基础的大平台建设，完善以项目为主体的产学研合作机制，发展重点学科，建设一批具有较高水平的科技创新基地。三是建设社会文化传承创新基地。学校要充分依托菏泽市的政策支持和科技、信息、文化资源和人才优势，依托菏泽学院丰富的学术、人才和国际交流资源，努力使菏泽学院成为菏泽市重要的人文社会科学成果的创新基地、产学研结合的示范基地、创新型人才的聚集和培养基地及文化企业的孵化基地。

（四）建立机制

一是建立领导机制。成立服务菏泽经济与社会发展领导小组，全面规划学校服务菏泽经济和社会发展工作。二是建立工作运行机制。建立联动机制。建立学校与菏泽市政府及各部门、各县区、各大企业、各研究机构之间的协调互动机制，抓好各项目的启动、检查与评估，积极发挥综合协调作用。三是制定行动实施方案和相关的配套政策。建立完善的配套措施和监督机制，出台相关激励性政策，确保服务项目的落实。四是保障机制。设立“菏泽学院服务菏泽经济和社会发展专项基金”，用于支持各二级学院、研究机构及广大教师积极参与该行动方案的相关课题和项目。制定以服务菏泽为主要内容的科技人才奖励制度。调整和完善内部分配制度，在职称评聘和业绩考核中，对在菏泽经济和社会发展服务中作出突出贡献的教师给予倾斜。建立健全院系、专业责任制，把开展服务菏泽工作的绩效纳入相关院系班子考核指标体系。

第五节　应用型本科高校建设服务乡村振兴

适应国家和区域经济社会高质量发展要求，菏泽学院坚持立足菏泽办大学，按照校地合作、资源共享、协同创新对接、政产学研用结合的思路，不断探索产教融合背景下应用型本科高校建设新路径，学校事业蓬勃发展。

一、党委决策统揽全局、科学谋划是前提——决策科学性

围绕立德树人根本任务、学校转型发展、应用型本科高校建设、校城融合、高端人才引进、产业性学院建设、服务地方经济社会发展等事关学校事业发展的重大问题，学校党委高瞻远瞩、统揽全局、科学决策。党委会、院长办公会多次研究，聚焦新发展理念，以菏泽学院首批被教育厅批准立项建设应用型本科高校为抓手，从宏观顶层设计，到中观专业建设，再到微观课程改革，全力推进应用型本科高校建设，推进教育链、人才链与行业链、产业链有机对接，促进学科专业链、创新链、人才链、科技链、产业链、政策链、资金链深度融合，推动校企深度合作、全面协同育人。

二、部门协调内外联动、形成合力是基础——执行联动性

学校党委（院长）办公室、合作发展处、教务处、人事处、科研处、规划处、二级学院等部门认真贯彻落实党委行政决策部署，积极行动，协调配合，实行内外联动、部门联动、职能部门与二级学院联动。以学校“十四五”规划为引领，制定5个专项子规划和18个二级学院（分校）分规划，做到环环相扣、同频共振，共同支撑应用型本科高校建设，形成加快事业发展的强大合力。

三、实施项目化推进、抓好落实是关键——发展共赢性

实行人才强校筑峰工程。针对油用牡丹产业化发展关键技术和价值链提升，聘请北京林业大学牡丹专家成仿云教授为牡丹研究院院长，获批山东省高校创新团队、山东省牡丹遗传育种及应用技术工程实验室、山东省牡丹应用工程技术研究中心，助力油用牡丹产

业化和乡村振兴。针对菏泽市重点发展生物制药、高端化工两大核心产业，大力引进高端人才团队。通过创新科技、产品研发赋能产业、助推发展，是校企共建、服务行业产业发展的典型案例。

实行校政深度合作。与菏泽市人民政府共建菏泽乡村振兴学院、黄河研究院，促进菏泽脱贫攻坚与乡村振兴有效衔接，助力打造乡村振兴齐鲁样板菏泽路径。开展乡村振兴、东明黄河滩区生态保护和高质量发展、菏泽“一都四乡”历史文化等战略咨询研究，“实施乡村振兴战略 打造齐鲁乡村振兴菏泽样板理论与实践”“以新型农村合作社助推乡村振兴对策研究”等一系列研究成果，为菏泽市委、市政府决策提供重要参考。以项目化为载体，推进校政深度合作，实现合作共赢发展。与郓城县政府签署全面战略合作协议，共建菏泽学院郓城分校。与高新区全面合作，共建大学科技园。与东明县政府全面合作共建，共同发展高端石油化工，推进黄河滩区高质量发展。

实行校企深度合作。实行学校、企业双主体协同育人，校企合作共建专业占比 20%。按照一个产业学院、一个研究院、一个工程技术中心、一个培训中心、一项发展基金“五个一”思路，推进产业学院建设。依托化学化工学院，与东明石化集团有限公司共建能源科技产业学院，培养适应石油化工产业发展的应用型人才。依托政法学院，与山东明德物业集团有限公司共建明德产业学院，为物业产业发展培养专门人才。依托计算机学院、物理与电子学院，与达内时代科技集团共建 AI＋人工智能学院，培养适应人工智能化发展的创新型人才。依托机电工程学院，与德国莱茵科斯特有限公司共建莱茵科斯特产业学院，促进机电设备制造智能化发展。

实行平台建设工程。学校党委行政高度重视发展平台建设，充分发挥理事会、基金会、校友会平台作用，凝聚整合社会资源和力量，学校教育发展基金会、校友会分别在山东省民政厅登记注册。校院理事会、校友会先后成立，地方校友联络处逐步推进。三会平台是推进校城融合、产教融合、协同育人的重要载体，是推进开放活校战略的重要渠道，是实现合作共赢的桥梁，对于服务学校、服务校友、服务区域经济社会发展意义重大。

实行特色错位发展。2013 年 11 月 26 日，习近平同志视察菏泽，对菏泽牡丹产业发展寄予厚望。依托牡丹学院、牡丹研究院、山东省牡丹工程中心等加强油用牡丹产业化发展研究，培养牡丹专业技术人才，培训新型农民，支撑油用牡丹产业化发展，做大做强做优牡丹产业，化解我国食用油对外依赖度高的风险。发挥菏泽传统武术优势，开展武术＋项目研究，提升足球、蹴球、攀岩等竞技水平，走出国门，走向世界。开设戏曲专业班，弘扬菏泽戏曲之乡的优秀传统戏种。开设书法与绘画专业，传承弘扬菏泽书画之乡的文化艺术瑰宝。与菏泽市文化馆、菏泽曹州历史文化研究院等开展国家级非遗文化项目牡丹传说进校园、进课堂活动，为非遗可持续发展提供理论支撑和人才支撑。

四、突出合作结果导向，校企共同发力求实效——结果实效性

产教融合、协同育人立足向应用型转变，坚持学科专业设置与区域经济社会发展需求、教学内容与职业标准、教学过程与生产过程紧密对接。校企共同制定应用型人才标准、共同完善人才培养方案、共同构建教学体系和教学内容、共同建设实训基地、共同组建教学团队、共同实施培养过程、共同评价培养质量、共同推进学生就业。从目标定位、培养层次、专业建设、学科建设、科学研究、培养方式、课程体系、师资队伍建设、质量保障体系等 9 个方面实现转型发展。以教育部产教融合、协同育人项目和创新创业项目为依托，从理论上开展深入研究，从实践上开展基地、实验室共建，开设创新创业素质拓展课程，举办素质拓展创新创业项目并计入学分，为点燃学生双创激情、传播双创知识、实施双创训练、参加双创实践搭建了有利平台。

五、创新体制机制、激活活力是根本——机制创新性

以理念创新为先导，不断深化体制机制改革。校城融合实行校

市联席会议制度，成立10个工作专班，协调推进十大工程。高端人才引进坚持市校共引、共享、共用、共管，享受市、校人才政策待遇。产业学院实行理事会领导下的院长负责制，探索混合所有制模式。创新人才培养模式，推进高校、企业双主体办学，建设双师双能型师资队伍，切实提高应用型人才培养质量。

菏泽学院坚持为党育人、为国育才，创新思路，多措并举，积极推进产教融合、校城融合、校政融合、校企融合、校所融合，聚焦应用型人才培养，不断探索应用型高校建设新路子。

第六节　校城融合服务乡村振兴

深化校城融合，实施十大工程，服务菏泽区域经济社会发展和乡村振兴。“十四五”时期，是菏泽市经济社会发展科学赶超、实现后来居上的关键时期，更是学校推动应用型本科高校建设、推动学校转型发展，为实现“建设特色鲜明的高水平应用型大学”这一目标创造条件、奠定基础、壮大实力的重要时期。立足菏泽、服务地方区域经济社会发展，这既是菏泽市委、市政府对菏泽学院提出的任务要求，也是推动学校转型发展、建设应用型本科大学的必然选择，更是菏泽学院发挥自身优势、服务乡村振兴和区域经济社会发展义不容辞的责任。

一、指导思想

深入学习贯彻习近平系列重要讲话精神和治国理政新理念、新思想、新战略，紧紧围绕国家战略和地方发展，贯彻落实新发展理念，坚持“校地共建、资源共享、协同创新对接、政产学研用结合”，重点围绕菏泽“231”主导性产业，精准施策，集中用力，全方位融入菏泽市经济和社会发展，在承担社会责任、服务菏泽中发展壮大自己，以服务求发展，以作为求地位，为实现菏泽乡村振兴贡献力量。

二、总体目标

围绕菏泽市委、市政府提出的以提高发展质量和效益为中心，深入实施产业提升、基础突破、和谐创建“四项工程”，全力加快“科学赶超、后来居上”步伐，在人才培养、科学研究、服务社会、文化传承创新等方面都瞄准菏泽市重点领域和重点行业，以项目为纽带，以“四个一”建设（一个学院、一个研究院、一个工程技术中心、一个培训中心）和实践基地建设为平台，整合办学资源，发挥学科和人才优势，建立学校和地方经济发展协同创新机制，对接社会需要，不断提升学校核心竞争力和服务区域经济社会发展的能力。办菏泽人民满意的高等教育，充分发挥菏泽学院在服务菏泽科学发展中的重要作用，成为菏泽市重要的应用型人才培养基地、科技创新服务基地和文化普及与传承创新基地，为服务菏泽乡村振兴、服务黄河流域生态保护与高质量规划发展贡献高校智慧和力量。

三、具体举措

实施十大工程，主动融入菏泽经济社会发展之中，成为菏泽经济社会发展的助推器、加油站、动力机、智慧库。

1. 菏泽大学筹建工程 建设菏泽大学是加快菏泽高等教育发展的需要，是服务菏泽区域经济社会发展的需要，有利于为菏泽经济社会发展提供人才支撑和智力支持。要抓山东省、菏泽市共建菏泽学院机遇，省、市、学校同频共振、齐心协力，以建设菏泽大学为突破口，为菏泽经济社会可持续发展提供坚强支持。积极做好前期准备工作，做好三期预留地规划设计工作，坚持高标准规划、高标准设计，推进校城融合发展、一体化发展。

2. 地方文化提升工程 整合校内外资源，加强与北京大学汉文化研究中心、菏泽市历史文化研究所、菏泽市文旅局及博物馆等院所馆合作。对接菏泽地方文化研究，打造文化高地，推动地方文化向产业化发展，塑造地方文化品牌，提升文化品位。成立地方文化研究中心，围绕“一都四乡”文化、传统历史文化、农耕文化、非遗文化等开展研究，把文化资源优势转化为文化品牌优势，提升乡村文化发展水平，提高菏泽在国内外的知名度和影响力。

3. 科技协同创新工程 坚持校地共建、资源共享、协同创新对接、政产学研用结合原则，坚持新发展理念，发挥各方优势，充分整合利用学校与政府、企业等科技资源优势，按照一学院一品牌一特色原则，按照一学院、一研究院、一工程中心、一培训中心原则，加强科技平台建设。重点围绕菏泽“231”主导产业和国家、省、市新型战略性产业，以行业产业为导向，加快推进学校级、市级、省级、国家级不同层次的科技平台建设，以科技协同创新，在推动菏泽乡村振兴、推动菏泽经济社会科学发展、跨越式发展、又好又快发展中提供科技平台支撑。

4. 新型智库建设工程 与菏泽市社科联、科技局、科协、发改委、商务局、农业农村局、乡村振兴局等加强对接合作，以菏泽乡村振兴学院为依托，围绕菏泽乡村振兴中的热点、重点、难点等问题加强研究，针对社会需求加强研究，破解瓶颈，寻求发展对策，为党委、政府科学决策提供决策咨询、重要参考，为打造齐鲁乡村振兴菏泽样板、菏泽模式、菏泽路径贡献智慧和力量。

5. 区域人才高地建设工程 招才引资，引进高层次农业专家和相关行业产业急需高端人才，坚持政府、高校、企业互动交流，共享共用，联合突破。政府出台优惠引才政策，企业和高校联合引进人才，编制关系在高校，双方可共享共用，弥补企业引才困难的短板。建立高端人才库，成立校企博士发展联盟，推动区域人才高地建设，为菏泽经济社会可持续发展提供强大的人才支撑。

6. 协同育人工程 充分调动政府、高校、企业三方积极性，加速推进协同育人工程。以理事会建设为抓手，加快推进校企、校地、校际、校所合作，围绕菏泽行业、产业发展、乡村振兴需求，加大专业建设力度，建设产教融合十大专业群，以专业对应产业，创新人才培养模式，共同承担人才培养社会责任，强化应用型、技能型、创新型、智能型人才培养，推进产教融合，提高人才培养质量，增强毕业生核心竞争力和服务社会能力。

7. 大学科技园建设工程 按照大众创业、万众创新的要求，以创新学院为依托，突出创新创业人才培养目标，引进社会资源。把优秀创新型企业引进创新创业学院，开发创新创业课程，培养学生创新创业意识和能力，以创新创业大楼为平台，大力实施大学科技园建设工程，使大学科技园成为大学科技创新基地、成果孵化基地。

8. 人力资源大市建设工程 菏泽是人口大市，通过共建农技科技培训基地等举措，加快人力资源建设，变人口大市为人力资源强市。菏泽学院要积极主动地融入菏泽经济社会发展，实行开放式办学，推进开放大学建设，一方面加强新型农民培训，加强返乡创业人员培训，加强科技工作人员培训；另一方面，提升人才培养质量，为菏泽培养留得住、用得上、有作为的毕业生，有效推动人口大市为人力资源强市。

9. 资源共享共建工程 实施校政资源共享共建工程，挖掘菏泽优秀历史文化、历史记忆，建设博物馆。推进健康菏泽建设，满足人们对美好生活的新需求，建设体育馆、图书馆、不断满足人们对健康、精神文化的需求，提升菏泽人民的幸福指数，为科学赶超、后来居上，提供坚强保障。

10. 基础教育提升工程 市教育局与学校共建教师教育学院，积极推进实习支教行动计划。推动基础教育发展，为乡镇、乡村、中小学注入生机和活力，全面提升菏泽基础教育水平。实施全市教师轮训计划，顶岗实习支教置换教师培训计划，推进菏泽基础教育健康可持续发展，为菏泽市办人民满意的基础教育贡献力量。

第七节 高校服务地方乡村振兴高质量发展的实践

菏泽学院地处鲁西南黄河入鲁之地。近年来，为践行落实推动黄河流域生态保护和高质量发展座谈会精神，与菏泽市强强联手，合作办学，围绕服务地方经济，特别是在服务乡村振兴、黄河流域生态保护和高质量发展方面，取得了明显成效。

一、科学规划引领是前提，突出规划引领性

菏泽学院以服务地方经济社会发展为己任，突出生态优先、绿色发展；为了配合地方政府“打造黄河流域生态保护与高质量发展的先行区”，基于黄河流域生态保护和高质量发展的东明主体功能区规划研究，学校加强领导，完善工作运行机制，成立了由党委书记、校长任组长、分管副校长任副组长、相关部门负责人为成员的领导小组和由专业技术人员组成的研究团队。领导小组及时加强工作调度，掌握工作进度；深入东明县14个乡镇进行调研，历时5个月，形成北部5个乡镇发展高新技术工业、南部9个乡镇打造生态保护功能区的研究报告，为菏泽市委、市政府决策提供重要参考。帮助政府在高端产业化规划上高水平策划“231”产业，创新发展高端化工、生物制药，占领产业发展制高点。菏泽学院、菏泽市政府、东明石油化工集团校政企三方共建菏泽高端化工研究院，主动研发精细化工、高端化工的新技术、新工艺、新产品，推动菏泽化工产业向绿色化、高精尖方向发展。菏泽学院、菏泽市政府、山东睿鹰集团共建生命科学研究院，校企联合引进专家团队，致力于研发新药品并把菏泽打造成为北方医药城，联合开展新药关键核心技术攻关和专利技术应用。在生态保护上，走生态农业和新型工业化发展之路，围绕四水四定，提升水重复利用效率。

二、提升人才质量是关键，突出人才支撑性

市校联合出台了《关于加快校城融合发展的意见》，菏泽学院坚持教育链、人才链对接行业链、产业链，把服务国家战略和地方经济社会发展融入人才培养方案。宏观上加强顶层设计，实施“12345”育人模式，中观上加强专业建设，与菏泽“231”产业紧密对接，微观上加强课程改革，校企合作共建课程。大力推进校企合作专业和产业性学院建设，与东明县石化集团共建能源科技学院，推动高端化工产业发展；与明德物业集团共建明德产业学院，

与莱茵科斯特公司共建中德智能制造国际产业学院，与达内时代科技集团共建 AI+人工智能学院；与大树集团共建大健康产业学院和研究院；与高新区共建大学科技园，与郓城县共建大学分校。发挥师资和培训平台优势，举办中小学校长、新农人、退役军人技能培训等多种类型的培训班，培养适应社会需要的应用型、创新型、复合型人才，为推动黄河流域生态保护和高质量发展提供更多人才支撑。高端人才实行校市共引、共用、共享，2022 年人才引进专项经费增加到3 000万元，学校先后软性引进各分院院长、研究院院长等高层次专家，每年服务 3 个月，通过优惠政策吸引凝聚高层次专家人才，加快形成学校发展的优势和特色。

三、加强科学研究是主线，突出动力驱动性

菏泽学院与东明县、高新区、郓城县签署了校地融合发展战略合作协议。推进菏泽乡村振兴与更好服务黄河流域生态保护融合发展。建立健全以产业生态化、生态产业化为主体的生态经济体系和以生态价值观念为准则的生态文化体系。利用良好生态环境这一珍贵资源优势，积极发展康养产业、鄄城县董口镇沿黄区域种植中药材，牡丹区黄罡镇大力发展油用牡丹种植基地，以绿色农产品种植为基础，依托大树集团精深加工产业，创建高新区食品谷，创建单县高韦庄镇农业产业融合发展示范园，建设特色优势现代产业体系。充分发挥山东省牡丹遗传育种及应用工程实验室、山东省牡丹应用工程技术研究中心平台和高层次人才的作用，开展百名教授博士下基层活动，开展乡村振兴战略咨询研究，形成了“菏泽市新型农村社区建设助推乡村振兴研究”“以新型农村合作社助推乡村振兴对策研究”“实施乡村振兴战略 打造齐鲁乡村振兴菏泽样板理论与实践”“菏泽市油用牡丹产业化发展存在问题与成因分析及对策研究”等一系列研究成果，校企联合申报的“基于临床大数据和多维组学的药食同源组方及产品转化”获批山东省重大创新工程项目，赋能产业，助推发展。菏泽学院多项研究成果获奖。获批山东省高校油用牡丹高效栽培种植青年创新团队；多项牡丹研究项目获

省市课题立项，“有机农产品深加工工艺技术研究”“果蔬贮藏加工技术”获菏泽市软科学一等奖、自然科学二等奖。充分发挥菏泽学院研究平台优势，聚焦黄河文化和黄河下游生态保护研究，聚焦菏泽市黄河流域生态建设先行区的目标，重点加强对黄河生态系统、黄河流域高质量发展、黄河生态修复治理、黄河水资源保护与利用等方面的研究。

四、文化传承创新是根本，突出培根铸魂性

为推进黄河流域生态和产业融合发展、讲好“黄河故事菏泽版”，菏泽学院与菏泽市共建成立了黄河研究院，聘请高水平专业技术人才拍摄黄河纪录片，组建专家团队谋划研究项目，召开校地合作专家研讨会，为推动菏泽市黄河保护发展提供决策参谋、技术支持、理论支撑和人才供给。充分发挥校地合作共建的机制优势，高起点规划研究方向，高水平组建研究团队，积极开展与国内外相关研究机构的交流合作。菏泽学院与山东宇生股份有限公司联合申报的《菏泽非遗项目传承研究与产品研发大数据平台》获批山东省发改委新旧动能转换重大课题攻关项目，《全球背景下：我国文化生产力发展问题研究》获省优秀成果二等奖，《筝声鲁韵》项目获得第五届山东省政府文化创新奖。与相关机构、部门合作开展黄河文化、非遗文化进校园、进课堂，编写非遗牡丹文化教材，非遗文化研究院长在郓城县文化馆开展菏泽首届非遗剪纸高研班，培训学员 26 人。在维也纳市中心艺术空间，菏泽学院非遗文化研究院和维也纳国际水墨艺术研究院联合承办了《维也纳首届国际水墨艺术文献展》。把黄河研究院、菏泽曹州历史文化研究院、非遗文化研究院等，打造成为开放性高端科研创新的新平台、黄河文化与黄河生态保护研究的新高地、标志性成果产出的集聚地。

五、服务国家战略担使命，突出高校使命性

菏泽学院高度重视社会服务工作，出台了《菏泽学院服务菏泽第二轮行动计划》《菏泽学院二级学院服务社会量化考核办法》《菏

泽学院校企合作专业管理办法》《菏泽学院现代产业学院建设管理办法》，成立工作专班，实施十大工程，以项目化为抓手，积极参与战略咨询、前期调研、规划设计，发挥高校服务社会职能，主动服务国家战略，聚焦彻底解决黄河滩区脱贫攻坚，为菏泽市委、市政府提供重要决策参考和智力支持，14.6 万滩区群众实现了迁居搬迁，彻底摆脱黄患之苦，过上了安居乐业的幸福生活。

菏泽学院深入落实乡村振兴战略，抢抓山东省突破菏泽、鲁西崛起战略机遇，积极参与高标准鲁西新区建设，以大学科技园为科技孵化平台，带动大学生创新创业。实施一二三产业融合发展，对接国家黄河流域“一轴两区五极”布局，争取国家相关支持政策，融入国家新规划的新型城市群，帮助企业持续增强贸易竞争优势，积极参与共建“一带一路”，逐步形成以国内大循环为主体、国内国际双循环相互促进的新发展格局。

“黄河落天走东海，万里写入胸怀间。”菏泽学院坚持应用型办学定位，坚守为党育人、为国育才，以时不待我之精神，心怀“国之大者”，担当勇毅、善作善为，在服务乡村振兴、黄河流域生态保护和高质量发展中作出积极贡献。

参考文献

鲍宇，王广峰，2022. 地方高校支持乡村振兴路径及策略研究［J］. 时代教育（13）：30-33.

蔡昉，2013. 中国经济增长如何转向全要素生产率驱动型［J］. 中国社会科学（1）：56-71，206.

曹立，2020. 推进精准扶贫与乡村振兴有效衔接［J］. 中国党政干部论坛（5）：55-58.

陈金龙，周建伟，2016. 论党内政治生活的内涵、要素与功能［J］. 马克思主义与现实，11：26.

陈胜军，李来好，杨贤庆，等，2007. 我国罗非鱼产业现状分析及提高罗非鱼出口竞争力的措施［J］. 南方水产，3（1）：75-80.

陈锡文，邓楠，2004. 中国食品安全战略研究［M］. 北京：化学工业出版社，201，938-939.

陈泳，2019. 习近平关于实施乡村振兴战略重要论述的三维解析［J］. 南方论刊（12）：11-13，35.

程又中，2007. 国外农村建设的经验教训［J］. 当代世界与社会主义（2）：100-104.

池志娇，2020. 习近平中国特色社会主义乡村振兴思想研究［J］. 乡村科技（2）：10-12.

崔瑞霞，谢喆平，石中英，2019. 高等教育内涵式发展：概念来源、历史变迁与主要内涵［J］. 清华大学教育研究（6）：1-7.

杜亚慧，实习生，韩惠婷，2021. 山东省脱贫攻坚战取得全面胜利［N］. 齐鲁晚报，3：8.

高磊，2018. 新农村社区规划要注重可持续发展［J］. 人民论坛（26）：82-83.

韩芳，2017. 新型农村社区建设与管理研究［M］. 北京：知识产权出版社.

何博，2020. 乡村振兴战略背景下新型农村社区生态安全评价研究——以西安市为例［J］. 价值工程（4）：72-73.
何建宁，2019. 乡村振兴：在“变”与“不变”中准确把握习近平现代大农业理论［J］. 西安财经学院学报，32（6）：18-25.
何磊，2019. 新时代乡村振兴战略的主攻方向与实践要求——学习习近平关于乡村振兴战略重要论述［J］. 中国延安干部学院学报，12（3）：11-16.
何兴舟，2001. 室内燃煤空气污染与肺癌及遗传易感性——宣威肺癌病因学研究22年［J］. 实用肿瘤杂志（6）：369-370.
何泽军，王耀，李莹，2018. 新型农村社区居民居住满意度感知维度分析［J］. 河南社会科学，26（9）：82-88.
黄耀明，2019. 习近平新时代乡村振兴战略思想述论［J］. 闽南师范大学学报（哲学社会科学版），33（4）：1-6.
金元浦，2002. 文化生产力与文化产业［J］. 求是，20：38.
居德里，2015. 农村社区是新农村建设的有效载体［J］. 上海农村经济（8）：44-46.
兰文飞，熊若愚，何忠国，2017. 推进党的建设新的伟大工程［N］. 学习时报，4：19.
李安增，2006. 中国政治现代化进程中的政治文化建设［J］. 齐鲁学刊，5：127.
李崇光，1989. 建立适合国情的土地所有和经营制度［J］. 云南社会科学（6）：36-46.
李怀亮，2003. 文化在综合国力竞争中的地位越来越突出［J］. 求是，8：40.
李培林，2013. 国家治理与社会建设［M］. 北京：社会科学文献出版社.
李裴，2010. 坚持科学开发 推动绿色发展［J］. 求是（16）：57-58.
理轩，2017. 坚持思想建党和制度治党紧密结合［J］. 中国纪检监察，8：1.
林聚任，刘佳，梁亮，2018. 乡风文明与当前新型农村社区建设——以山东省“乡村文明行动”为例［J］. 中国农业大学学报（社会科学版），35（3）：103-110.
林汐，2010. 低碳经济与可持续发展［M］. 北京：人民出版社.
吕超，2020. 新型农村社区“1＋6”模式构建探索——以陕西省L县B村为例［J］. 西北农林科技大学学报（社会科学版）（1）：81-90.
吕飞云，2017. 对标“四个合格”做新时期的合格党员［J］. 理论学习，7：10.
罗琦，罗明忠，唐超，2019. 非农转移与农内转移：农村劳动力转移的行为选择与机理［J］. 经济体制改革（3）：185-193.

马桂萍，赵晶晶，2020. 习近平关于乡村治理论述的科学内涵 [J]. 科学社会主义 (1)：50-57.

马树超，郭文富，2019. 高职院校百万扩招的战略意义与实现路径 [J]. 中国高教研究 (5)：88-91.

彭舒婷，2019. 新型农村社区建设需要关注的几个问题 [J]. 农村工作通讯 (5)：54-46.

陈利晓，2019. 新型农村社区产业发展支撑机制研究 [J]. 乡村科技 (30)：15-17.

宿珊珊，2019. 合作治理视角下我国新型农村社区建设研究 [J]. 产业与科技论坛，18 (12)：10-11.

孙念梅，2002. 平度市实施农业标准化的调查 [J]. 山东通讯.

张闽生，2021. 农业产业化与标准化 [J]. 山东政报 (23) .

孙佑海，2009. 推动循环经济 促进科学发展 [J]. 求是 (6)：53-55.

王彬墨，2020. 论习近平新时代乡村振兴思想 [J]. 绥化学院学报，40 (3)：1-4.

王广峰，2007. 关于发展农民科技教育的对策研究与思考 [J]. 继续教育研究 (4)：69.

王广峰，2007. 经济欠发达地区农业标准化建设存在的问题与对策研究 [J]. 经济研究导刊 (2) .

王广峰，2007. 线形经济向循环经济转型：循环经济发展路径研究 [J]. 重庆大学学报 (社会科学版) (6)：27-31.

王广峰，2018.《德国“双元制”模式对我国职业教育发展的启示与思考》[J]. 南京理工大学学报 (社会科学版) (3)：88-92.

王广峰，2008. 经济欠发达地区农村义务教育师资队伍建设：问题、成因及破解措施 [J]. 继续教育研究 (4)：44-46.

王广峰，2008. 普通高校科技服务新农村建设研究 [J]. 管理观察 (12)：150-152.

王广峰，2008. 新农村建设面临的问题与发展路径之研究 [J]. 继续教育研究 (2)：43-44.

王广峰，2009. 和谐社会视角下的新农村建设发展路径研究 [J]. 东岳论丛 (9)：58-60.

王广峰，2014. 苯并芘对人体的危害和食品中的苯并芘的来源与防控 [J]. 菏泽学院学报，2：66-70.

王广峰，2014. 构建中国梦的一个重要途径——新农村文化建设 [J]. 南京理工大学学报（社会科学版）(1)：82-86.

王广峰，2015. 努力发展城乡绿色低碳经济和循环经济——我国经济可持续发展的一种战略性选择 [J]. 南京理工大学学报（社会科学版）(2)：60-65.

王广峰，2016. 全球背景下我国文化生产力发展问题研究 [J]. 南京理工大学学报（社会科学版）(3)：69-74.

王广峰，2018. 关于习近平新时代党建理论与实践研究 [J]. 南京理工大学学报（社会科学版）(2)：85-92.

王广峰，2021. 创新·融合·共赢：应用型本科高校建设探索 [N]. 中国教育报，12：08.

王广峰，鲍宇，2022. 菏泽学院服务地方高质量发展的实践探索 [N]. 光明日报，8.

王广峰，陈光磊，2021. 以新型农村合作社建设助推乡村振兴对策研究 [J]. 菏泽学院学报 (4)：11-15.

王广峰，姜春黎，李莉，2022. 实施乡村振兴战略　打造齐鲁乡村振兴菏泽样板理论与实践 [J]. 社会科学 (7)：51-54.

王珩，2008. 乡村振兴战略背景下日本新型农村社区建设的经验对我国的启示 [J]. 高等农业教育 (6)：123-127.

王家锦，穆莹，宋桂宁，等，1997. 苯并芘致癌致畸作用的观察与研究 [J]. 中国生育健康杂志 (4)：159-161.

王敬尧，魏来，2016. 当代中国农地制度的存续与变迁 [J]. 中国社会科学 (2)：73-92.

文雷，郭静怡，2019. 乡村振兴战略背景下新型农村社区建设研究 [J]. 学习与探索 (12)：107-113.

吴光炜，2019. 关于发展机遇转化为发展优势的思考——以菏泽市为例 [J]. 山东经济战略研究 (6)：17-20.

习近平，2018. 习近平谈治国理政（第一卷）[M]. 北京：外文出版社.

习近平，2018. 习近平谈治国理政（第二卷）[M]. 北京：外文出版社.

郭小虎，2020. 新型城镇化过程中农村社区创新发展研究 [J]. 乡村科技 (4)：51-53.

许雅慧，杨春原，刘守义，2019. 农村居民参与新型农村社区建设研究进展 [J]. 河北北方学院学报（自然科学版），35 (3)：53-60.

杨世松，2011. 对新型农村社区建设的探索 [J]. 决策探索（下） (12)：

36-37.
杨维松，范开利，2010. 论低碳经济的法律调整机制［J］. 理论学习（5）：16-18.
杨雪英，2006. 论文化的多元化与高校思想政治教育［J］. 中国高教研究，11：68-70.
于海杰，王广峰，2018. 果蔬贮藏加工技术［M］. 北京：中国质检出版社.
余永跃，刘绚，2020. 习近平关于实施乡村振兴战略的方法论探析［J］. 毛泽东研究（1）：12-19.
曾峻，2016. 学习十八届六中全会精神深入推进全面从严治党［J］. 党政论坛（12）：8-11
张国栋，李子路，2020. 山东省召开美丽宜居乡村建设视频会议［N］. 大众日报，6：27.
张杰瑜，王广峰，杨帮龙，等，2020. 促进乡村产业兴旺的对策思考——以安徽省为例［J］. 菏泽学院学报，42（3）：21-25.
张闽生，2001. 农业产业化与标准化［J］. 山东政报（23）：38-39.
张应良，杨芳，2017. 农村集体产权制度改革的实践例证与理论逻辑［J］. 改革（3）：119-129.
赵维峰，2018. 新型农村社区规划建设问题与对策分析［J］. 城市建设理论研究（电子版）（32）：56.
甄颖，2016. 论社会和谐的标志与内涵［J］. 东岳论丛，11.
周光宏，张兰威，李洪军，等，2002. 畜产食品加工学［M］. 北京：中国农业大学出社.
周汉民，2010. 突显低碳经济 深化世博主题［J］. 求是（5）：23-24.
朱梦佳，2020. 习近平生态文明观引领乡村振兴的价值及实现途径研究［D］. 石家庄：河北师范大学.
WANGG F，2014. A study on the Development Status and Direction of Food Machinery [J]. Applied Mechanics and Materials，543-547：307-310.
WANGG F，WANG T Y，2014. Technology research on technical innovationand troubleshoting of beer production equipment [J]. Applied Mechanics & Materials，556-562：6650-6652.
WU Z，WANG G F，PAN D，et al，2016. Inflammation-related pro-apoptotic activity of exopolysaccharides isolated from Lactococcus lactis subsp. lactis [J]. Beneficial Microbes，1-8.